W0059114

Katrin Koritz

Luftschlösser in der Sächsischen Schweiz

edition Sächsische Zeitung

Impressum

© edition Sächsische Zeitung
SAXO'Phon GmbH, Ostra-Allee 20
01067 Dresden
www.editionsz.de

Alle Rechte vorbehalten
1. Auflage Oktober 2008

Lektorat:	Klaus Gertoberens,
	www.perpetuum.de.com
Satz und Layout:	product:ink
	www.productink.de
Druck:	Medienhaus Lißner

ISBN   978-3-938325-56-8

Inhalt

1 Wandervögel im Elbsandsteingebirge
Von den Anfängen des Tourismus

„Wie malerisch, wie romantisch, wie wunderschön!", rufen die Besucher aus oder staunen sogar stumm, wenn sie von der Basteiaussicht ins Elbtal blicken, wenn sie auf den Pfaffenstein klettern und die Barbarine sehen oder wenn sie mit dem Dampfer den Fluss entlang zwischen hohen Steilwänden hindurch fahren. Das ist heute so, und es war ganz genauso, als Ende des 18. Jahrhunderts die ersten Touristen ins Elbsandsteingebirge kamen.

Was allerdings bis dahin so an Geschichten und Nachrichten aus dem bis dato namenlosen Gebirge in die Welt drang, war wenig Vertrauen erweckend. Grausige Dinge sollten in den Wäldern passieren, Räuberbanden überfielen harmlose

Die Basteiaussicht

Kaufleute, mordeten und plünderten. Gespenstergeschichten kursierten in der Bevölkerung: Jutta von Duba geistert als weiße Frau durch den Amselgrund, eine alte Schaffnerin schenkt um Mitternacht an der Burgruine zu Rathen verhexten Wein aus, im Lilienstein liegt ein Schatz vergraben, in der Wolfsschlucht am Hockstein spukt's, am Brand kann man die versteinerte Jungfrau Maria im Fels sehen, in der Lochmühle im Liebethaler Grund haust der Teufel. Von solcherlei Geschichten eher angelockt als abgeschreckt, kamen ab Mitte des 18. Jahrhunderts zahlreiche Künstler: Die Maler Anton Graff und Adrian Zingg, Carl Gustav Carus und Caspar David Friedrich, Ludwig Richter und Johann Alexander Thiele legten Stiche, Zeichnungen und Gemälde, die man so selten gesehen hatte, vor das staunende Publikum. Und dieses Paradies so dicht vor den Toren der sächsischen Residenzhauptstadt? Zwar war nicht immer alles so ganz naturgetreu – Thiele beispielsweise, immerhin „Hofprospektmaler" wurde von seinem Kritiker Adelung nachgesagt: *„Da ihm die Natur selten schön genug war, so ist er nicht immer getreu ... und fühlte häufig den Drang in sich, die Natur zu verbessern"*.[1]

J. A. Thiele: „Der Lilienstein, Blick vom Südwesten", Ölgemälde (1742)

Am Anfang war eine Reise in das nun „Sächsische Schweiz" genannte Gebirge beschwerlich, lang und abenteuerlich, aber es wurde dank Eisenbahn und Straßenbau besser. Ein neuer Wirtschaftszweig war geboren, fast der einzige absolut stetige und relativ krisenfeste: der Fremdenverkehr.

„Verdient irgendeine der vielen schönen Gegenden Sachsens immer mehr gekannt, immer genauer und vollständiger beschrieben zu werden, so ist es gewiss jene ausgezeichnet schöne, der man den Namen der sächsischen Schweiz gegeben hat."

Damit fängt einer der ersten echten Reiseführer dieser Gegend, geschrieben vom Pfarrer Wilhelm Lebrecht Götzinger (1758 – 1818) im Jahr 1804, an. Der Pfarrer mit Ambitionen zum Schriftstellerischen hat mehr hinterlassen als einen profanen Wanderwegweiser – es ist ein kleines, feines Denkmal der Kultur- und Sittengeschichte. Und ein erstes Dokument früher Werbung, denn nichts anderes wollte Götzinger: für diese Gegend Reklame machen, auf dass die Leute herkamen, staunten, Geld ausgaben. Und so machen es Werbestrategen heute noch.

„Was also in einem Lande in ziemlicher Entfernung zerstreut ist, und durch längere Reise aufgesucht werden muss, was in manchem Lande gar nicht zu finden ist, das findet der Reisende in diesem kleinen Bezirke zusammengedrängt. Ich zweifel, dass es einen Platz irgendwo giebt, wo in einem Bezirke von so wenig Meilen, so vieles Anziehendes für den verschiedenen Geschmack der Reisenden zu finden ist". [2]

Und erst die Bewohner dieser lieblichen Gegend! Vor denen brauchte sich der auswärtige Gast nicht zu fürchten, denn: *„hier findet er nicht den stöckischen und undienstfertigen, oder brutalen und stolzen, oder trägen, schmutzigen und geistleeren Landbewohner, auf welchen man in anderen Gegenden stößt. Die überall so mühsam verbreitete Cultur verräth schon den regen Fleiß des Völckchens dieser Gegend ... Daher spricht sich denn in der körperlichen Gestalt, der Farbe und den Gesichtszügen bei-*

der Geschlechter Ebenmaß, blühende Gesundheit und körperliche Kraft, mit heiterm Frohsinn verbunden, sehr deutlich aus."[2]

Von diesen heiter-frohsinnigen Menschen gab es 1811, zu Götzingers Zeiten, 20 743 im Amt Hohnstein, also rechtselbisch. Die Gegend war seit einiger Zeit durchaus aufgeblüht: Götzinger erwähnt Schlösser und Burgen, zwei Mineralbäder, Fabriken, Bergbau, Steinbrecherei, Floßwerk, Schifffahrt sowie ein Zucht- und ein Irrenhaus.

Viele gute Gründe also, die Gegend näher kennenzulernen. Mit entsprechender Ausrüstung allerdings, mahnte Götzinger, als da wären *„hölzerner Becher, Weinkristalle oder Limonadenpulver, einige Eyer, klaren Zucker und Rum"*. Das Schießgewehr solle man zu Hause lassen, weil heruntergefallene Pfropfen (Patronenhülsen) Waldbrände verursachen könnten. Auch solle man ja keinen Hund mitnehmen und nicht reisen, wenn die untergehende Sonne blass ist, die Sterne bleich aussehen, der Hahn nach Sonnenuntergang noch oft kräht, die Bienen zeitig nach Hause kommen, die Insekten Mensch und Vieh ungewöhnlich plagen, alte Narben oder Hühneraugen besonders jucken oder die Abtritte ungewöhnlich stinken.

Ebenso empfahl Götzinger, Pinsel und Farbe mitzunehmen. Allerdings nicht etwa um die gewonnenen Eindrücke noch vor Ort auf die Leinwand zu bannen, sondern um seinen Namen an Felsen und Bäume zu schreiben – „Ich war hier" mit Herzchen drum war schon um 1800 Mode. Noch heute kann man hunderte von gemalten, eingebrannten oder eingemeißelten Namenszügen an der Basteibrücke, am Kuhstall oder – gerade wiederentdeckt – im Turm auf dem Großen Winterberg besichtigen. Allerdings regte sich doch bald Widerstand gegen diese Unsitte, und so ließ Götzinger diesen Tipp in der zweiten Auflage seines Reiseführers weg.

„Zurück zur Natur" hieß das Motto des 19. Jahrhunderts, der Pantheismus setzte sich vor allem in der Mittelschicht durch: Gott in jeder Schöpfung zu sehen, sei es Ameise, Eiche oder Felsengebirge. Der verklärende Blick der Romantik lag auf allem, und was könnte dieses Bedürfnis besser stillen als die schattigen Gründe, die plätschernden Bächlein, die wilden Felstürme des Elbsandsteingebirges. Und so kamen sie denn, die Besucher, und bedienten damit ganz den Trend der Zeit.

Die Bewohner der Gegend machten diesen Trend natürlich mit. Treidler, Weber, Waldarbeiter, Steinbrecher wechselten in die Tourismusbranche und wurden Bergführer, Sessel- oder Gepäckträger, Wirte, Kellner, Hausmeister, Musikanten. Müller machten aus ihren Mühlen Gasthäuser. Die Preise für eine „Bergfahrt" im Tragesessel wurden oft nach dem Zustand der Hände und Fingernägel der werten Kundschaft berechnet. Gepflegte Hände – ein Taler mehr. Mit dichterischen Blüten lockte man den Wanderer: *„Hofmann Carl und Julius, führt die Fremden ohn' Verdruß ..."*[1]

Und wo nichts war, wurde was erfunden: 1842 wird erstmals erwähnt, dass ein Mann den Lichtenhainer Wasserfall, der eigentlich kaum den Namen Wasserfall verdient, anstaute und gegen Trinkgeld „aufzog".

Das erste rein touristische Bauwerk entstand 1850/51: die steinerne Brücke an der Bastei. Eine Brücke gab es dort zwar schon seit dem Mittelalter (angeblich aus Leder!, später aus Holz), doch sie zu überqueren galt als gefährlich: Schon Pfarrer Götzinger staunte in seinem Reiseführer über die *„Kühnheit eines solchen Baues über einem gräßlichen Abgrunde"*.[2]

Im Mittelalter schwer umkämpft (Schweden!), im 19. Jahrhundert dann regelrecht heimgesucht (Touristen!), entschloss man sich, über den Abgrund zwischen Bastei und Neurathen eine neue, steinerne Brücke zu bauen, für 9181 Taler. Übrigens heißt die Brücke offiziell Friedrich-August-Brücke, weil König Friedrich August der II. Bauherr war.

Zu den Naturliebhabern und Wandervögeln gesellten sich bald auch die Reichen und Schönen. Denen war es allerdings sehr wichtig, ganz ähnliche Annehmlichkeiten wie zu Hause vorzufinden, und das wiederum beflügelte die Hotellerie und das Gastgewerbe. Schon 1897, zum hundertjährigen Jubiläum der Erwähnung der Bastei in der Literatur, gab es dort oben Hochdruck-Wasserleitung, Fernsprechstelle, Bibliothek, Autogaragen und Gondelteich.

1927 veranstalteten Gastwirte einen „Großen Wiener Abend" mit Konzert, Festumzug und Tanz. Sogar der Wald wurde beleuchtet. Ein gewaltiges Spektakel für die „bessere Gesellschaft", die vor allem aus Dresden anreiste.

Und gleichzeitig kamen die Kletterer. 1864 erklommen Schandauer Turner erstmals nur zum Spaß und als sportliche Herausforderung den Falkenstein. Heute gibt es 1106 Klettergipfel mit rund 18 500 Wegen. Die Kletterer haben allerdings auch noch andere Spuren hinterlassen: Aus ihren Kreisen kamen und kommen noch heute aktive Naturschützer und Mahner

Am Uttewalder Felsentor, anonymer Künstler

für eine intakte Umwelt. Gegen jedes „Salontirolertum" waren sie schon in den zwanziger Jahren und sind es noch heute.

Das 20. Jahrhundert brachte noch einmal für die Gegend gewaltige Umwälzungen. 1910 gründete sich der „Verein zum Schutz der Sächsischen Schweiz", der vor allem Steinbrüche im Elbtal aufkaufte, nicht, um sie zu betreiben, sondern im Gegenteil: Sie wurden zum Wohle der Natur stillgelegt.

1912 wurde erstmals für diese Gegend ein Areal bei Hohnstein unter besonderen Schutz gestellt.

Eine Neuauflage der „Zurück zur Natur"-Bewegung kam in den zwanziger Jahren: Man wollte raus aus dem Großstadtmief, aus der Enge der Städte. Krieg und Entbehrungen waren überwunden. Pfadfinder hatten gewaltigen Zulauf, Jugendherbergen wurden gegründet. Der Tourismus nahm dermaßen zu, dass 1928 der Landesverein Sächsischer Heimatschutz eine „Denkschrift über die Erhaltung der Sächsischen Schweiz als Erholungsgebiet für das Sächsische Volk" veröffentlichte, in der es heißt: *„Wo wir hier nicht im Zeichen der Stunde resolut eingreifen, da bleibt unseren Enkeln nichts übrig als die Klage um unwiederbringlich Verlorenes!"*[3]

Zum ersten Mal wird in dieser Schrift von Oberforstmeister Feucht eine Form des Schutzes gefordert, die dem späteren Nationalpark-Gedanken nahe kommt.

1938 wurde die Bastei unter Naturschutz gestellt, 1940 das Polenztal. Am 28. April 1991 schließlich wurde nach nur sieben Monaten konkreter Planung der seit über 60 Jahren geforderte Nationalpark Sächsische Schweiz ins Leben gerufen. Heute wird er gern als „Tafelsilber" und „Perle" Sachsens bezeichnet. Mit 354 000 Gästen (2007) ist die Grenze der Belastungsfähigkeit erreicht, ja beinahe überschritten, so der Leiter des Nationalparks, Dr. Jürgen Stein. Nachdem 2005 ein Klettersteig am Lilienstein gefordert wurde, lehnte der

Nationalpark dies mit Worten ab, die heute für viele touristische Projekte gelten können: *„Was bleibt wohl vom Zauber des Elbsandsteingebirges, wenn die letzte Felswand vernagelt und mit Drahtseilen versehen ist, nur um dem Abenteuerdrang bestimmter Zeitgenossen zu entsprechen?"*[4]

Viele der behördlichen Maßnahmen gingen und gehen auf Anregungen von Vereinen und Verbänden zurück, auf Natur- und Heimatfreunde und auf unzählige Ehrenamtliche. Ohne die ehrenamtlichen Naturschutzhelfer wären viele heute selbstverständliche Regelungen nicht durchgesetzt, und so manches Luftschloss doch gebaut worden.

Langsam wendet sich der Trend jedoch wieder. Nach Abenteuerurlaub, kompletter Erschließung und dem Drang der Spaßgesellschaft nach noch mehr Höhepunkten kommt jetzt offenbar die Wiederentdeckung der Stille. Wellness ist Trend, sanfter Tourismus eine neue Aufgabe.

Wenn man bedenkt, dass es diese Gegend als Ausflugsziel beinahe nicht gegeben hätte, wären die im folgenden beschriebenen Luftschlösser immer doch das kleinere Übel gewesen. Denn 1560 wollte Kurfürst August der Starke hier ein latentes Problem auf radikale Weise lösen: den ständigen Streit zwischen den jagdberechtigten Adligen und den hier lebenden Untertanen, denen regelmäßig die Felder verwüstet und der Wald beschädigt wurde, wenn große Jagden stattfanden. August plante, die Bewohner einfach in andere Landesteile umzusiedeln, ihre Höfe und Dörfer zu schleifen und das Elbsandsteingebirge zu einem großen Wildgehege für die königlichen Jagden zu machen. Aber die Probleme, die das mit sich gebracht hätte, wären wohl zu groß gewesen, der Plan wurde dann doch nicht umgesetzt.

[1] Heinz Klemm, Die Entdeckung der Sächsischen Schweiz, Dresden 1953
[2] W. L. Götzinger, Schandau und seine Umgebung oder Beschreibung der sächsischen Schweiz, 1804
[3] LV Sächs. Heimatschutz, Mitteilungen Heft 9-12, Dresden 1928
[4] Hans Brichzin, Landschaft im Licht, Dresden 2006

IN DIE TEUFELSKAMMER

Anreise: Von der A 17 Dresden-Prag kommend, über die Anschlussstelle Pirna auf die B 172a über die Elbbrücke in Richtung Lohmen und Bastei fahren, dann weiter durch Lohmen in Richtung Bastei und Rathewalde. Am Ortsausgang in Richtung Uttewalde und Dorf Wehlen nach rechts abbiegen. Die nächste Kreuzung führt dann links direkt nach Uttewalde.

mittelschwer

etwa 5,5 km

Einkehr: Waldidylle Uttewalder Grund, Erbgericht Uttewalde

Diese Wanderung verspricht ein Schlüsselerlebnis, einen ersten, beeindruckenden Einblick in die wildromantische Felsenwelt. In den historischen Reiseführern und Beschreibungen wird immer wieder der Uttewalder Grund hervorgehoben als ein „grausend schöner Anblick" (C. H. Nicolai). Keine andere Gegend wurde so oft und schwärmerisch von den ersten „Schweizreisenden" beschrieben, wie diese.

Ganz getreu den Malern und Dichtern der Romantik beginnen wir die Runde in Uttewalde, oder, wie in alter Literatur zu lesen, Ottowalde. Das Auto kann man nahe der Bushaltestelle auf einem Parkplatz abstellen und folgt dem markierten „Malerweg" (gelber Strich) durch den Ort. Am Gasthof Erbgericht gehen wir nach rechts zum Waldrand und stoßen dort auf die erste Attraktion: die Treppen hinab in die Schlucht. „Und nun mache man sich auf große und hohe Empfindungen gefasst", schrieb C. H. Nicolai 1801. Über 114 steinerne Stufen geht es ins Tal. „In der wunderbarsten Gestalt erhoben sich hier die Felswände an beiden Seiten, herrlich bewachsen mit Kräutern und buntem Moos; Sträucher und Bäume standen in malerischen Gruppen zwischen den Klüften, tief unten stürzte ein

kleiner Bach hin", schwärmte Hans Christian Andersen, der
große Märchendichter. Übrigens haben wir soeben Nationalpark-Gebiet betreten. „Es ist unbeschreiblich, was für Empfindungen sich hier des Herzens bemächtigen, wenn man hinab
kommt. Man ist gewöhnlich ganz weg und weiß nicht, wie
man sich äußern soll", beschreibt Nicolai die Szenerie. In der
Tat ist die Felsenschlucht beeindruckend. Am Fuß der Treppe
soll das Gelände dazumal so sumpfig gewesen sein, dass man
die Damen tragen musste. Jetzt steht hier das Gasthaus Waldidylle. Links haltend gelangen wir zum berühmten Felsentor,
vielfach festgehalten in Zeichnungen berühmter Maler. Noch
ein beeindruckter Zeitzeuge, Carl v. Voß, beschrieb es 1822:

Das Uttewalder Tor

„An einer Stelle stürzten vor Menschengedenken drei große Steinblöcke hinab, ohne den Boden erreichen zu können. Sie liegen nun in einer Höhe von 6-8 Fuß zwischen den engen Talwänden eingeklemmt und bilden das sogenannte Uttewalder Tor. Man geht unter ihnen weg auf Brettern, welche über den kleinen Bach gelegt sind, der sich durch den Grund windet. Andere Felsmassen drohen, weit überhängend, mit augenblicklichem Absturz, doch weiß man, dass selbst bei einem Erdbeben, das einst hier verspürt wurde ... sich keine Felsstücke losgelöst haben."

Hinter dem Felsentor gehen wir nicht weiter, sondern wenden uns in die andere Richtung talabwärts auf dem Wanderweg mit grünem Strich, gehen an der Waldidylle vorbei und folgen dem Uttewalder Grund talwärts, an der nächsten Weggabelung rechts haltend (roter Punkt) immer dem historischen Malerweg folgend, bis an eine weitere Weggablung, die rechts in den Teufelsgrund weist. Unerschrockene Wanderer lassen sich diesen Höhepunkt der Runde nicht entgehen: Heringshöhle und Teufelskammer sind zwar kaum ausgeschildert, aber nicht zu verfehlen. Vor allem für Kinder ist die Kletterei durch die gewaltigen Felsbrocken ein spannendes Abenteuer. Taschenlampen für die kleinen und größeren Höhlen sind angebracht! Nach diesem Abstecher gehen wir den Grund wieder hinauf bis an die Gabelung, an der es links wieder zur „Waldidylle" geht, halten uns nun aber rechts und folgen den Zeichen roter Punkt/grüner Strich hinein in den Zscherregrund. Der Weg ist bequem und auch für Radfahrer zugelassen. An der nächsten größeren Gabelung nach rund 500 Metern verlassen wir diese Zeichen und halten uns links in den Kohlgrund hinein immer entlang der Radroute. Nach weiteren 500 Metern zweigt links ein Weg nach Uttewalde ab, der stetig bergauf führt und in den Knotenweg (gelber Strich) mündet. Wir gehen nach links Richtung Uttewalde weiter und erreichen über den Kluftsteig mit weiteren Treppen und vorbei an der Bruno-Barthel-Gedenktafel den Ausgangsort unserer Wanderung.

2 Die Welt zu Gast
Rudolf Sendig und seine hochfliegenden Pläne für Schandau

Vom Tellerwäscher zum Millionär – solche Karrieren gibt's wirklich. Bei Rudolf Sendig zum Beispiel war es so, allerdings war er am Ende seines Lebens doch fast wieder arm wie ein Tellerwäscher. Sein Vermögen steckt zum großen Teil in Bad Schandau, und sein Trost wird es sein, dass es da heute durchaus wohlgelitten ist. Auch wenn man Sendig Zeit seines Lebens wohl oft hinter vorgehaltener Hand als Spinner bezeichnet hat.

Gedichtet hat er übrigens auch.

1871 Einst.
„Schandau, meine ewig junge Geliebte
Als ich zuerst von Schandau hört‘,
Konnt‘ ich mich nicht erbauen,
Denn legt man auf den Namen Wert,
wer kann da Schand-au trauen?
Ihr Gründer jenes schönen Orts,
Fremd war euch Frau Reklame,
Sonst wär gewiß statt diesen Worts
Schön-au der rechte Name!"

Emil Friedrich Rudolf Sendig wurde 1848 geboren und stammte aus einer begüterten Dresdner Kaufmannsfamilie. Als er 23jährig erstmals seinen Fuß nach Schandau setzt (der Titel „Bad" wurde der Stadt 1920 verliehen), fängt er da ganz klein an: als Koch im Hotel „Forsthaus". Der Fremdenverkehr ist da schon ein wichtiger Wirtschaftsfaktor. Gäste aus vielen Teilen Europas kommen in die malerische Gegend, angelockt von blumigen Reiseschilderungen ihrer Zeitgenossen. Sendig ist nicht für die Küche geboren, ihm schwebt Höheres vor:

Schandau sollte zur ersten Adresse für die Reisenden dieser Welt werden. *„Ich möchte Schandau mit einer jungen bildhübschen Dame vergleichen, die wenig Vermögen hat. Schandau ist der lieblichste, schönstgelegene Ort im ganzen Sachsenlande."*

Mit gerade 28 Jahren ist Sendig bereits ein gemachter Mann. Großzügige Sponsoren ermöglichen ihm den Bau der Villa „Königin Carola" als eigenes Logierhaus. Schon 1874 ist er so berühmt, dass er dem höchstmöglichen Gast in Schandau die Hand reichen darf, König Albert persönlich. Eine Sternstunde für den ehrgeizigen jungen Mann: Der König schläft in seinem Haus! *„Man kann sich wohl denken, was diese Nachricht für mich, den jungen Anfänger, bedeutete! ... Da hieß es für mich, alle Kräfte zusammennehmen, um in Ehren bestehen zu können. Und dass mir dies gelungen ist, darf ich, ohne unbescheiden zu sein, aussprechen."* Denn: *„Die Dresdner hatten für Schandau nie viel übrig. Es war ihnen als Sommerfrische zu nahe und zu teuer, wogegen die Berliner Schandau und die Sächsische Schweiz außerordentlich bevorzugten."* Da kam der Besuch des Königs gerade recht.

Die Schandauer hatten schon zeitig begriffen, wie man an Geld kommen kann: mit dem Fremdenverkehr. Der Schriftsteller und Pädagoge Karl August Engelhard schreibt schon 1794 dazu: *„Die hiesigen Bürger ... hoffen, an einer mineralischen Quelle, die sie im Grunde hinter der Stadt gefunden haben, für die Zukunft einen nicht geringen Erwerbszweig zu bekommen ... Ich will es den guten Leuten wünschen. Aber Tharand liegt drei Stunden, Schandau vier Meilen von Dresden – und, die Dresdner Badelustigen kurieren sich meist nur nach zwei Grundsätzen: Entweder ganz nahe um Dresden, oder, wenn es denn nun einmal gereiset sein muss, lieber sechs, auch zwanzig Meilen nach Böhmen, als vier Meilen ins Vaterland ..."*[3]

1879 der nächste Glücksgriff: Sendig heiratet eine vermögende junge Dame, Lucile Dorn. Die hat nicht nur Geld, sondern auch wertvolle gesellschaftliche Kontakte und die nöti-

ge Geduld mit ihrem Marketing-Genie Rudolf. Denn dessen
Pläne werden immer kühner.

1880 entsteht die „Villa Quisisana" („Hier wirst du gesund",
heute Parkhotel „Haus Sendig") im italienischen Renais-
sancestil, der gerade sehr beliebt ist. Dann pachtet Sendig
das Kurhaus und gönnt sich einen eigenen Park, der schon
zu Lebzeiten nach ihm benannt wird: der Sendig-Park mit
Porticus und Wandelhalle. Sein Ruf als Mäzen der Stadt und
Geschäftsmann eilt ihm bis nach Russland voraus. Die nächste Sternstunde: eine Audienz bei der russischen Kaiserin
Katharina in St. Petersburg 1884. Als Sendig wieder zu Hause
in Schandau ist, lässt er, schwer beeindruckt von dieser Be-
gegnung und voller Hoffnung auf einen neuen Kundenkreis,
die „Russische Villa" als Offizierskurhaus bauen, wieder ganz
italienisch. Heute ist in dem Gebäude die katholische Kirche
untergebracht.

Hotel Sendig, die frühere Villa Quisisana

Unermüdlich baut Sendig Hotels und Villen, gründet gar den „Schandauer Bauverein", der baufällige und unschöne Häuser beseitigen soll. 1885 macht wieder der König bei ihm Halt: Mit großem Gefolge wird in der Villa Quisisana das 50. Jagddinner des Königs abgehalten.

Sogar ein Hotel in Dresden („Europäischer Hof") geht in seinen Besitz über. Auf dem Höhepunkt seiner Karriere, 1896, feiert die Stadt ein Vierteljahrhundert Rudolf Sendig in Bad Schandau. Der unermüdliche Bauherr wird Ehrenbürger, stiftet einen opulenten Brunnen mitten auf dem Marktplatz und bekommt seine eigene Straße, die bis heute nach ihm benannt ist.

Vielleicht war das alles zuviel des Guten – oder einfach Pech. Denn von nun an beginnen die Probleme.

1903 baut Sendig in Ostrau, dem Ortsteil oberhalb der Stadt, eine Villenkolonie im Landhausstil. Das Motto hieß „Zurück zur Natur" , und Sendig hoffte, durch die gemütlichen Holzhäuser reiche Städter aufs Land zu locken. Sie standen sozusagen auf dem Balkon Schandaus, in exzellenter Lage, mit Blick auf die Schrammsteine zur einen und die Elbe zur anderen Seite.

„Selbstverständlich wurden Kanalisation und die nötigen Wasserabläufe vorgesehen. Zu gleicher Zeit ließ ich Promenadenwege anlegen ... Ja, es war eine herrliche Schaffenszeit. Gegen vierhundert Arbeiter waren nötig, Zimmerleute, Maurer u. dergl. ... Die Häuser kamen auseinandergenommen auf der Bahn hier an und wurden, nachdem die Fundamente, d.h. der Keller und Erdgeschosse in Sandstein dauerhaft hergestellt waren, aufgestellt ... Diese Häuser wurden mit allen Vorzügen der Neuzeit ausgestattet, mit elektrischem Licht und Wasserleitungen versehen und auch vollständig möbliert mit Betten, Wäsche, Silber, Porzellan und vollständiger Kücheneinrichtung preiswert zu Verkauf gestellt, da ich die feste Überzeugung hatte, diese reizenden Landhäuser sofort nach Fertigstellung verkaufen zu können.

Villenkolonie in Ostrau damals

Villenkolonie heute

Seine „lieblichen Landhäuser" jedoch, wie er sie selbst nannte, verkauften sich nur schleppend. Was hatte er falsch gemacht? Im ersten Jahr wechselten gerade mal sechs Häuser
den Besitzer.

War die Lage auf dem Berg doch zu abseits? Um in die Stadt
zu kommen, musste man einen gewaltigen Weg rund um den
Berg in Kauf nehmen. Da kam Sendig eine Idee.

Villa Falkenstein damals und heute

Ein elektrischer Personenaufzug musste her. So kamen die Leute auf kürzestem Weg direkt aus dem Stadtzentrum hoch auf den Berg. Sendig hatte Narrenfreiheit in Schandau. So abenteuerlich der Plan auch aussah, er wurde in kürzester Zeit in die Tat umgesetzt. Schon 1904 stand der erste freistehende elektrische Personenaufzug Sachsens an der senkrechten Felswand und überwand die 50 Meter Höhenunterschied. Von nah und fern strömten die Neugierigen herbei. Sendig *„scheute auch diese gewaltige Ausgabe nicht, da sie ein Hauptmoment für meine umfassenden Pläne bedeutete.*

Hätte ich in die Zukunft blicken können, so wäre der Fahrstuhl unbedingt noch einmal so hoch angelegt worden, denn es stellte sich später heraus, daß der, wenn auch noch so bequeme Aufstieg bis zur Höhe, von der Mündung des Fahrstuhls aus, besonders für den Transport der Gepäckstücke, zu anstrengend war. Immerhin hat sich der Fahrstuhl bewährt, und ungezählte Tausende benutzen diesen auch heute noch, ja mehr denn je.“

Obwohl: Bei der Eröffnung am Ostersamstag 1905 wollte zunächst niemand mitfahren. Angeblich entschloss sich erst eine Frau zur Mitfahrt, als Sendig ihr einen Taler dafür spendierte.

Aufzug damals und heute

Zufrieden konnte er später in Hinblick auf seine Villenkolonie vermerken: *„Heute sind die Häuser das Zehnfache wert, und keiner von den glücklichen Besitzern möchte sich von ihnen trennen, trotz großer Nachfrage."* Die Probleme aber kamen wieder. Doch hören wir ihn selbst, denn er war nicht nur ein großer Visionär, sonder auch ein begabter Erzähler.

„Von befreundeter Seite wurde mir die Anlage einer Geflügelfarm empfohlen. Einer der bekanntesten Fachleute in dieser Branche erbrachte mir an Hand von Bilanzen den Nachweis, daß eine Geflügelfarm, im Großen betrieben, mein gesamtes Vermögen verzinsen würde.

Ich entschloß mich daher, weitere Güter in Ostrau zu kaufen. Aber dies geschah keineswegs nur wegen der Anlage einer Geflügelfarm, nein, ich hatte einen weiteren, viel größeren Plan gefaßt.

Das war die Anlage eines Weltsportplatzes.
Am 1. April 1908 kaufte ich drei weitere Güter in Ostrau. ...“

Die Sache wurde aber weit kostspieliger, als Sendig gedacht hatte. Er musste unter anderem neunundvierzig Brutöfen anschaffen – alles aus eigenen Mitteln. Mit zwölftausend Eiern fing er an, doch nur zirka 60 Prozent wurden ausgebrütet. Dann die Katastrophe: Die Hälfte der Küken verendete nach wenigen Tagen. Die zweitausend jungen Hühner, die schließlich verkaufsfähig waren, kosteten ihn dreimal so viel, als er dafür erhielt. Das Experiment Geflügelfarm wurde mit einem Verlust von 150 000 Mark ad acta gelegt. Sendig drohte die Pleite. Er musste seine Grundstücke mit hohen Hypotheken belasten. Denn er hatte noch einen ganz besonderen Plan.

„Durch den Gartenbaudirektor Bertram in Blaßewitz ließ ich nunmehr einen Plan für den schon erwähnten Sportplatz ausarbeiten. Für diesen waren die Grundstücke vom Wolfsgraben bis zum Zahnsgrund geeignet. Sie umfaßt eine Fläche von fünfhunderttausend Quadratmetern. Auch hier war die Straßenanlage an erster Stelle vorgesehen, und da die einzige Zufahrtsstraße nach Ostrau, die bekanntlich im Kirnitschtal unterhalb des Schützenhauses nach der Höhe führt, für meine Zwecke ganz unzugänglich war, wurde eine zweite Zufahrtsstraße von Postelwitz aus durch einen Teil des Zahnsgrundes bei der Schrammsteinbaude nach der Höhe projektiert.“

Sendig wollte außerdem einen zweiten, weit größeren elektrischen Aufzug bauen, der am äußersten Ende von Postelwitz stehen sollte. Der Weltsportplatz sollte allen Sportrichtungen *„in höchster Vollendung“* dienen.

Für jede einzelne Sportabteilung waren Klubhäuser, mit Bädern und allen Bequemlichkeiten versehen, gedacht. Selbstverständlich auch ein entsprechend großes und schickes Sporthotel an der schönsten Stelle des Sportplatzes, fünfzig Meter von dem beliebten Aussichtspunkt Emmabank entfernt.

Weltsportplatz-Anlage

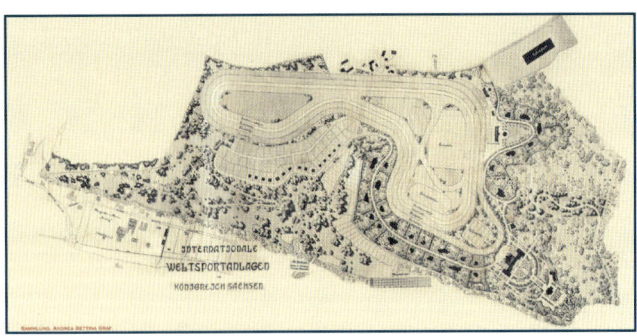

Da auch der Renn- und Automobilsport vertreten sein sollte, wurde eine vier Kilometer lange Straße geplant, mit Tribünen und Garagen. Größenwahnsinnig? Vielleicht, doch Sendig wusste seine Idee gut zu verkaufen – zunächst jedenfalls.

„Um das Gelingen dieses großen Planes finanziell zu sichern, trat ich in Verbindung mit in- und ausländischen Sportvereinen, um gemeinsam mit diesen einen Weltsportklub zu gründen, durch dessen Mitglieder und deren Jahresbeiträge die finanzielle Sicherheit dieser Anlagen gesichert werden sollte. Die maßgebendsten Persönlichkeiten aus Sportkreisen hatte ich als Sachverständige gewonnen. Sie alle fanden die projektierten Anlagen, sowie die Lage des gesamten Terrains zweckentsprechend und in ihrer Eigenart und Schönheit trotz gewisser Schwierigkeiten für durchführbar und aussichtsvoll. Auch die geographische Lage Schandaus entsprach allen Erwartungen für ein solches Weltunternehmen. Unter all diesen Arbeiten, Verhandlungen und Bemühungen waren weitere drei Jahre vergangen.

Alle meine Versuche, eine deutsche Finanzgesellschaft für dieses zukunftsreiche Unternehmen zu interessieren, waren vergeblich. Die damaligen Geldverhältnisse mochten wohl die Hauptursache gewesen sein. Meine reichen Freunde hatten mir gewaltige Summen zur Verfügung gestellt. Aber es hat eben alles seine Grenzen."

Sendig musste anderweitig Geldquellen finden. Eine Frankfurter Hypothekenbank bot ihm auf seinen gesamten Besitz, der mittlerweile eine Größe von zwei Millionen Quadratmeter erreicht hatte, mehr als eine Million Mark, aber leider nicht in bar, sondern in Obligationen großer Bergwerksunternehmen, deren Zinsen von dem bekannten und reichen Grafen Fürstenberg garantiert waren.

„Man kann sich meinen Jubel und mein Glück vorstellen, da ich dadurch in die glückliche Lage kam, allen meinen Verpflichtungen spielend nachzukommen!"

Aber das Schicksal hatte es anders beschlossen. Als Sendig bei der Bank seine Obligationen mit einer halben Million beleihen lassen wollte, stellte sich nach genauer Prüfung heraus, daß die Unterschrift des Generaldirektors, des Grafen Fürstenberg, für die Zinsgarantie gefälscht war. Seine Obligationen waren so gut wie wertlos, er musste sie unter seine Gläubiger verteilen.

„Sieben volle Jahre hatte ich Tag und Nacht meinem Neu-Schandau-Unternehmen geopfert und schließlich doch immer nur in Nebenarbeit, denn meine großen Hotel- und sonstigen Unternehmungen (ich war noch immer Generaldirektor der Sendig-Hotels in Schandau, Dresden, Nürnberg und Wiesbaden) beanspruchten meine Hauptkraft in vollem Maße. Man möge erkennen, wie gewaltig diese Enttäuschung durch die fast wertlosen Obligationen für mich war; aber ich hielt tapfer aus. Noch einmal leuchtete mir ein freundlicher Stern. Ich fand, da mir deutsches Kapital verschlossen blieb, ein englisches Konsortium durch Vermittlung eines Hamburger Finanzagenten, namens Ettelbittel, der nach genauer Prüfung aller vorhandenen und mir gehörigen Werte die Gründung einer Aktiengesellschaft in London vermittelte und durchsetzte.

Dieses für mich und meine Unternehmungen so wichtige Ereignis geschah im Frühjahr 1913. Also immer noch ein reichliches Jahr vor dem Ausbruch des unseligen Krieges.

In Paris traf ich mit den Herren von London und meinem Rechtsbeistand in dem Grand Hotel Elisee zusammen, und der Verkauf an die gegründete Aktiengesellschaft wurde notariell zum Abschluß gebracht. Die Kaufsumme von einer Million Pfund Sterling war nicht nur für die vorhandenen Werte, sondern auch für alle für die Fertigstellung des Weltsportplatzes vorgegebenen baulichen und sonstigen Anlagen reichlich bemessen.

Diese Gründung und die Gewinnung des englischen Konsortiums hatten weitere große finanzielle Opfer gekostet. Aber ich

*hatte sie gern gebracht, war ich doch durch diese nach mensch-
lichen Begriffen jeder finanziellen Sorge enthoben und konnte
nunmehr an die Durchführung meines großen Weltsportplatzes
herangehen Und nun kommt das Tragische der Neu-Schan-
dau-Ostrau-Schöpfung. Diese Tragik wurde durch den damals
schon in England gegen Deutschland beschlossenen Krieg ver-
ursacht. Laut notariellen Vertrages sollte ich die mir zustehende
Kaufsumme aus den an der Londoner Börse zu verkaufenden
Pfund-Shares erhalten, und als diese Shares an der Londoner
Börse aufgelegt wurden, hatte sich in den maßgebenden Finanz-
blättern eine vernichtende Propaganda gebildet, die gegen diese
Weltsportaktion Stellung nahm und vor dem Kauf derselben aus
politischen Gründen warnte, da die Deutschen so schon stark
genug wären und durch einen großzügigen Sport noch stärker
werden würden. Gegen solche Mächte konnten meine Londoner Finanzfreunde nicht aufkommen. Für mich war nun die
Schlacht verloren.*

Ich mußte nun den Kampf aufgeben.
*Meine herrlichen Besitzungen mußte ich an meine Gläubiger ab-
treten; sie wurden zu Schleuderpreisen verkauft."*

Die Vision Weltsportplatz – ein Scherbenhaufen. Der Zeppe-
linlandeplatz – von Sendig gar nicht mehr erwähnt, auf den
Zeichnungen aber gut zu erkennen – wird ebenfalls nie gebaut. Seine *„letzte große Schöpfung, mein Lieblingswerk"* – ein
schmerzliches Fiasko. Sendig ist am Rande der Pleite. Er zieht
sich ins Privatleben zurück. Schließlich, schon über siebzig-
jährig, veröffentlicht er seine Lebenserinnerungen, im Eigenverlag natürlich: „Im Hotel. Diskrete Indiskretionen". Doch es
sind mehr als Memoiren, es ist wie immer viel geschickt ver-
packte Werbung in dem Bändchen, Werbung für seine *„ewig
junge Geliebte"* Bad Schandau. Es ist *„allen Lebenskünstlern
gewidmet"*, also Leuten wie ihm selbst.

*„Ganz abgesehen von der herrlichen Natur, hat eine Reise in die
sächsische Schweiz für unsere Landesbewohner in jetziger Zeit*

schon den Vorzug einer großen Ersparnis von Reisekosten. Ich brauche niemandem vorzurechnen, wie hoch diese für einen Familie nach Oberbayern, Tirol, der Nordsee und a.m. sich stellen, während dagegen die Fahrt zu uns kaum ins Gewicht fällt."

Und die noch nicht immer perfekte Gastronomie entschuldigt er nonchalant: *„Nur wer selbst sich den Sinn für Natur bewahrt hat und sie sucht, wird sie finden – auch wenn er dabei einmal auf ein Mittagessen verzichten muss."*

Und als Fazit: *„Sie sollen eine Fahrt in unsere Berge ansehen wie eine Reise zu einem guten Freunde, den Sie immer einmal wieder sehen wollen und müssen."*

Das Gedicht vom Anfang des Kapitels hat noch eine weitere Strophe:

1921 Heute.
Dies schrieb ich vor just fünfzig Jahren,
Blond war mein Haar, jetzt ist es grau.
Der Himmel wollte mich bewahren,
Es war in Schand- nicht in Schönau.
Gewiß war es ein höheres Wollen,
Ihr Götter, dafür dank' ich Euch.
Was hätt' ich auch in
Schönau sollen!
Nur Schandau ist mir wesensgleich."[2]

1928, im Alter von 80 Jahren stirbt Rudolf Sendig. Sein Grab befindet sich auf dem Trinitatis-Friedhof in Dresden-Johannstadt.

[1] Sammlung Andrea Graf, Ostrau
[2] alle Zitate aus: Im Hotel, Diskrete Indiskretionen, Eigenverlag R. Sendig, 1920
[3] Engelhard und Veith, Malerische Wanderungen durch Sachsen, Leipzig 1794/95

AUF DEN SPUREN VON RUDOLF SENDIG

Anreise: Auf der A17 bis Pirna, dann auf der B 172 über Königstein nach Bad Schandau. Parkplätze am Elbkai. Mit der S-Bahn S1 in 50 Minuten vom Dresdner Hauptbahnhof aus. Der Bahnhof Bad Schandau liegt auf der gegenüberliegenden Elbseite. Die Verbindung zur Stadt am einfachsten mit der Fähre, aber auch Bus und Taxi sind möglich.

Einkehr: Bad Schandau, Ostrau

leicht

3,5 km o. 5 km

Von der Elbe aus geht es über den Markplatz vorbei an der Stadtkirche (Hochwassermarke!) und entlang der Rudolf-Sendig-Straße Richtung Schmilka/tschechische Grenze. Rechter Hand kommt man am Parkhotel vorbei, ehemals Villa Quisisana, mit ihrem schönen Park mit altem Buchenbestand. Links die weiße Villa an der Straße, die katholische Kirche, war Sendigs „russische Villa". Schon von Weitem ist der eiserne Aufzug zu sehen. Vom Elbeparkplatz kann man auch direkt unten am Fluss entlang laufen, bis man auf Höhe des Aufzugs in einer Minute wieder hoch zur Straße gehen kann. Mit Sendigs eisernem Aufzug gelangt man in kürzester Zeit fünfzig Meter hoch auf die Ostrauer Scheibe, ein Hochplateau. Von der Brücke am Ausstieg des Lifts hat man einen wunderschönen Blick auf die Stadt und den Lilienstein sowie auf der anderen Seite hinein in die Böhmische Schweiz.

Halt machen sollte man auf jeden Fall am Luchsgehege. Hier leben drei Luchse, die Wappentiere des Nationalparks Sächsische Schweiz. Der jüngste der drei, Kind der beiden

Alttiere, ist durch Menschenhand groß geworden. Der Fahrstuhlführer kann dazu spannende Geschichten erzählen.

Vor dem Luchsgehege wendet man sich nach rechts und folgt wenige Meter danach dem links ansteigenden, etwas steileren, aber gut ausgebauten Weg auf die Höhe, nach Ostrau. Nach rund zehn Minuten Anstieg erreicht man den Ort und steht auch schon gleich vor Sendigs Lieblingsprojekt, der Villenkolonie. Geradeaus entlang der Straße, immer an der abschüssigen Wiese entlang, folgt man dem Ostrauer Ring, zur Linken die einzelnen Villen, die liebevoll restauriert sind. An einigen Zäunen hängen Schaukästen mit alten Fotos und Erklärungen. Etliche kleine Cafés oder Restaurants laden zum Imbiss ein. In der Villa Falkenstein betreibt die Sendig-Chronistin Andrea Bettina Graf eine kleine Sandstein-Galerie – hier bekommt man einen heißen Kaffee, Wanderkarten und Sendig-Informationen noch dazu. Man folgt der Straße, die einen Linksbogen beschreibt, bis zum Ende, einem kleinen Dorfplatz mit Weiher. Nicht vergessen sollte man an dieser Stelle den Blick nach rechts: Das herrliche Panorama der Schrammsteine sieht man hier besonders gut. Genau in dieser Blickrichtung hätte Sendigs Weltsportplatz gebaut werden sollen, und rund um den Ort Ostrau die Rennstrecke.

An dieser Stelle gibt es zwei Möglichkeiten für den weiteren Weg. Wer schon genug gewandert ist, nehme direkt an der Bushaltestelle den Weg durch die Wolfsschlucht (grüner Punkt) nach rechts. Man kommt durch eine romantische Waldschlucht wieder hinunter auf die Elbpromenade, kann sich dort sofort nach rechts Richtung Bad Schandau wenden, aber ein kurzer Abstecher die Straße entlang nach links ist unbedingt empfehlenswert: Dort stehen die Sieben-Brüder-Häuser, romantische kleine Fachwerkhäuschen, die zum Teil sogar Pensionszimmer vermieten. Auf kurzem Weg geht es entlang der Straße wieder zurück zum Ausgangsort.

Die andere Möglichkeit ist, an der Bushaltestelle dem grünen Punkt noch ein Stück geradeaus in den Ort zu folgen und sich an der Kreuzung nach links zu wenden und dem Wanderzeichen roter Strich durch den Ort zu folgen. Nach den letzten Häusern beginnt wieder der Wald, und man wandert auf einem bequemen Weg stetig bergab ins Kirnitzschtal. Kurz vor dem Tal kann man einen kurzen Stopp im Pflanzengarten einlegen. Über die Ostrauer Brücke passieren wir das Flüsschen Kirnitzsch. Da hier direkt eine Straßenbahnhaltestelle liegt, kann man mit dieser zurück nach Bad Schandau fahren (eine Haltestelle), der Fußweg allerdings ist auch sehr zu empfehlen. Vorbei an der Kirnitzschtalklinik und dem wunderschönen Kurpark endet die Wanderung wieder an der Kirche. Ausspannen kann man in der nahen Toskana-Therme oder in einem der vielen Cafés und Restaurants, von denen Bad Schandau von der einfachen Imbissmöglichkeit bis zum Fünf-Sterne-Restaurant alles zu bieten hat. Sehr empfehlenswert ist auch das Nationalparkhaus direkt an der Dresdner Straße, das auf unterhaltsame Art viel Wissenswertes über den einzigen sächsischen Nationalpark vermittelt – auch ein Tipp für Besucher mit Kindern.

Schrammsteine, von Ostrau aus gesehen

3 Gipfelglück für alle
Chronisches Seilbahnfieber

Ein lederner Hut oder eine leichte Mütze, ein kurzes Jäckchen „von einem leichten, aber festem Zeug" oder einen Frack, Schuhwerk mit starken Sohlen und einen festen Stock mit einem langen Stachel, so ausgerüstet, dürfte die Bergfahrt gelingen. Aber Anstrengung war schon vonnöten – und wo sich Bequemlichkeit mit Geschäftssinn paart, entsteht in Anbetracht von 300 Meter hohen Felsen rasch die Idee: Wir brauchen eine Seilbahn zum Gipfel!

Solche Pläne waren logisch. Mit dem 19. Jahrhundert war das technische Zeitalter angebrochen. Durchs Elbtal fuhr eine Eisenbahn, seit 1837 transportierten Dampfschiffe in den Sommermonaten mittlerweile Tausende Ausflügler in die Sächsische Schweiz. Um den Weg auf der Elbe zu verkürzen, war sogar im 19. Jahrhundert geplant, die große Elbschleife zwischen Schandau und Rathen zu beseitigen und den Fluss mit einem Durchstich nördlich des Liliensteins zu begradigen.

Gasthäuser und Herbergen entstanden, Sesselträger und Pferdeführer halfen laufunwilligen Sommerfrischlern auf die Berge und durch die herrlichen Täler. Der Tourismus entwickelte sich prächtig, die Gegend blühte auf. Sommerfrische und das Leben in der Natur waren „in", die Damenmode stellte sich sogar mit eigens kürzer geschneiderten Röcken und bequemen Stiefeln darauf ein, dass auch das schwache Geschlecht Gefallen am Aufenthalt an frischer Luft gefunden hatte. *„Der ist ein Tor, welcher Berge mit seinen Füßen erklimmt, wenn er Träger haben kann."* Karl Immermann schrieb das um 1830 – und so wie er dachten anscheinend viele.

1873 begann die Diskussion über die Bergaufzüge. Eine der ersten Ideen war eine Seilbahn auf den Großen Winterberg.

Die „Stadtgrube Senftenberg" mit den Baumeistern Westphal und Thumann schrieb dazu 1873 und 1880 an das Sächsische Finanzministerium Eingaben.[8] Sie wurden abgelehnt. Doch das war erst der Anfang.

1877 wurde in Pirna unter dem Symbol des Farnwedels der „Gebirgsverein für die Sächsisch-Böhmische Schweiz" gegründet. 19 Bürger aus ganz unterschiedlichen Berufen fanden sich unter der Leitung des Geographieprofessors Dr. Sophus Ruge zusammen, um das Elbsandsteingebirge wissenschaftlich zu erkunden, zu pflegen, aber auch touristisch zu erschließen. Schon vier Jahre später zählte der Verein 1200 Mitglieder. Ein echter Prominenter war dort auch Mitglied: der Fotograf Hermann Krone (1827-1916), Leiter der Dresdner Sektion des Gebirgsvereins und erster Fotograf der bizarren Felsenwelt des Elbsandsteingebirges.

Die Basteiaussicht, fotografiert von Hermann Krone

Dieser war schon damals eine Berühmtheit wegen seiner innovativen Fotografie, außerdem Honorarprofessor an der Dresdner Universität. Krone war ein fortschrittlich denkender Mann, technische Neuerungen begeisterten ihn stets. Und so wurde Hermann Krone ein leidenschaftlicher Verfechter des Projekts „Seilbahn zur Bastei". Das Areal unterhalb der Bastei hatte der Staat 1860 aus privatem Besitz aufgekauft, damit der massive Sandsteinabbau ein Ende habe. Eine gute Voraussetzung für etwaige Baupläne. Krone stand der mitgliedsstärksten Dresdner Sektion des Gebirgsvereins vor, sein Wort hatte Gewicht. Doch nicht alle waren seiner Meinung.

„Der Vesuv hat eine Drahtseilbahn – unsere Bastei braucht auch eine!", las man im November 1880 in der Zeitung des Gebirgsvereins.[9] Der verantwortliche Redakteur des Blattes, Dr. Theile, meinte das aber eher ironisch. Denn der folgende Artikel ließ keine Fragen offen:

Die schienengebundene Drahtseilbahn hätte „*den Charakter einer großartigen Spielerei, (wie) eine Fahrt auf dem Caroussel*", sei „*bloßer Humbug*".[9] Für den Betrieb der Seilbahn sei eine Dampfmaschine direkt am Basteifelsen nötig. Das „*Ächzen und Stöhnen der Maschine*" und der Qualm würde die Touristen nachhaltig stören. Außerdem sei man in Sorge, dass ja dazu „*Arbeiter aus dem Auslande*" ins Sachsenland kommen müssten. Und noch ein Arbeitsplatzargument: „*Fremdenführer, Wirte, Gepäck- und Sesselträger*" unten in Rathen würden arbeitslos. Außerdem wäre das ein Projekt von „*Berliner Unternehmern*" (die Ingenieure Westphal und Thumann), und die mochten die heimatbewussten Sachsen damals schon nicht so besonders gut leiden.[9]

Krone als einer der Wortführer für die Seilbahn muss getobt haben: Der leitende Redakteur des Vereinsblattes positioniert sich deutlich gegen ihn! Krones Einfluss im Verein ist so groß, dass er einen Umschwung erreicht: Schon in der nächsten Ausgabe von „Über Berg und Thal" muss Theile seine Artikel als „unmaßgebliche Privatansicht" zurücknehmen. Statt dessen wird eine Kommission zur Prüfung der Seilbahnpläne berufen.

Nach einer Besichtigung vor Ort schreibt Krone eine ausführliche Stellungnahme, die die Bedenken entkräftet, und übergibt das Papier der Presse.[11] In allen Zeitungen soll stehen, wie fortschrittlich und lobenswert diese technische Neuerung ist. Der Pirnaer Anzeiger jedoch sträubt sich da schon: Auf einer Postkarte, die im Stadtarchiv aufbewahrt ist, schreibt ein nicht namentlich unterzeichnender Redakteur: *„Wir haben in unserem redaktionelle Theil schon so viel pro und conta Drahtseilbahn besprochen, dass wir unmöglich noch derartige große Inserate gratis aufnehmen können ..."* Zu einem *„ermäßigten Preise von 15 MK"* jedoch ließe sich noch mal darüber reden.

Krone antwortet, dass man das Angebot prüfen will, schreibt aber auch: *„Wenn Sie bisher so viel pro und contra in Ihren Spalten geschrieben, so dürfte dem Leserkreise derselben doch daran gelegen sein, das erste authentische Urteil in der Sache, wenigstens in Kürze, ebenfalls darin zu finden."*

Ob nun mit oder ohne Bezahlung – Krones Artikel wird veröffentlicht. Wichtigste Argumente: Die Bahn ist modern, Ruß durch die Dampfmaschine sei nicht zu befürchten und außerdem sei die ganze Anlage kaum zu sehen, da sie fast nur durch den Wald führt.

Nebenbei waren die Ingenieure aus Preußen nicht untätig, und unabhängig von der ganzen Diskussion nimmt das Projekt Seilbahn schnell Form an. 70 Prozent Steigung (35 Grad) am Felsen entlang, 2 Brücken über kleinere Schlüchte, 337 Meter Fahrstrecke, Doppelgleise aus drei Schienen, in der Mitte der Wegstrecke eine Weiche, 2 Waggons mit je 3 Coupés für 8 Personen. Gewicht der 24 Personen mitsamt Drahtseil: 80 Zentner. Zehnfache Sicherheit des Seils garantiert. In fünfeinhalb Minuten wäre man oben. 50 Pfennige koste die einfache Bergfahrt, 75 Pfennige Berg- und Talfahrt. Detailverliebt zeigt die technische Zeichnung von Ingenieur und Königlich-Preußischem Regierungsfeldmesser H. Thumann sogar schon Gardinen an den Abteilfenstern und die Farben der Waggons.[12]

Längsschnitt durch den Wagen der Drahtseilbahn

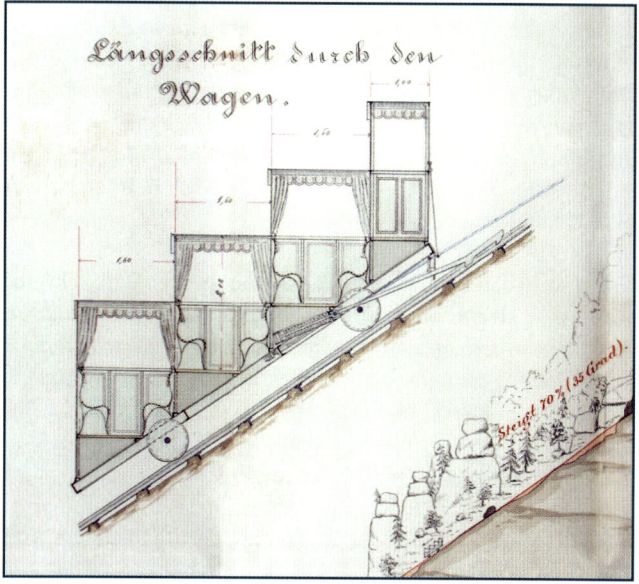

Ganz sicher: So sollte sie aussehen, die neue Seilbahn. In Windeseile spricht sich das in der gesamten Gegend herum. Als der Direktor der Sebnitzer Stadtschule, Fritz Ohnesorge, den Reiseführer für die Sächsische Schweiz überarbeitet und 1881 neu herausgibt, liest der erstaunte Reisende: *„In Rathen begibt man sich zur Wartehalle der Drahtseilbahn, um mit dieser in 7 Minuten für 50 Pfennige eine Höhe zu erreichen, zu deren Ersteigung man auf alten Wegen fast eine Stunde nötig hatte."*[5] Der Bau sollte 1881 im Frühjahr beginnen.

Lageplan zum Bau einer Drahtseilbahn

Jetzt kommt es darauf an, in der Bevölkerung und der Wirtschaft möglichst viele Befürworter zu finden. Und: Die Meinung des Königs ist wichtig. Von dem kommt allerdings unerwartet Gegenwind:

„Seine königliche Hoheit der Prinz hofft mit Zuversicht, dass es den anerkennenswerten Bemühungen des Vereins und dessen geehrten Leitern gelingen möge, ..., diesem schönen Stückchen Erde seinen ursprünglichen freundlichen Charakter allenthalben zu erhalten."[9]

König Georg von Sachsen wird noch deutlicher: Hermann Krone erhält eine vertrauliche Information aus dem Königshaus, dass seine Majestät sich distanziere und *„die Entscheidung von dem Urtheile des großen Publikums und der Touristenwelt abhängen werde"*.[11]

Ein herber Rückschlag. Doch Hermann Krone ist kein Einzelkämpfer. Sicher hatte er gewichtige Befürworter, vor allem aus der Wirtschaft. Mit der Seilbahn ließ sich Geld verdienen. Krone geht es dagegen eher um den technischen Fortschritt. Er betont: *„Das ist nur der erste Schritt zur kompletten Modernisierung der Gegend."*[12] Doch genau das wollen viele nicht. Die Konkurrenz, der Vaterländische Gebirgsverein „Saxonia", sammelt innerhalb kürzester Zeit 7500 Unterschriften gegen die Seilbahn zur Bastei. Die Stimmung kippt.

Der endgültige Todesstoß für die Bahn auf die Bastei kommt jedoch aus einer ganz unerwarteten Ecke: von der Witwe Kayser, die zu einem nicht bekannten Zeitpunkt das Talgrundstück der möglichen Seilbahn still und heimlich erworben hatte. Sie *„war nicht gesonnen ..., auch nur ein Stückchen von ihrem Besitze abzutreten".*[3,11] Die Bauherren stehen verdattert da. Ohne Talstation keine Seilbahn. Eine Alternative gibt es in der engen Schlucht nicht.

Der Plan für eine Seilbahn kommt wieder in die Schublade. Noch heute heißt die Schlucht, in der die Bahn nach oben führen sollte, das „Eisenbahngründel".

Aber das Thema ist längst nicht vom Tisch.

Dezember 1885, in der Zeitschrift „Über Berg und Thal", die kleine Notiz: Eine geplante Zahnradbahn von Rathen oder Wehlen aus auf die Bastei „beeinträchtige den Naturgenuss". Man wolle dagegen protestieren. [4]

Das wird auch getan und per Gesuch im Januar 1886 bei der sächsischen Regierung eingereicht. Die Antwort: Die Bahn wird abgelehnt. Da hilft es auch nicht, dass der Bürgermeister von Wehlen einen glühenden Brief ans Finanzministerium schreibt und das Aussterben seiner Gemeinde prophezeit, wenn nicht endlich eine Bahn herkäme, und zwar nicht ins touristenverwöhnte Rathen, sondern zu ihm nach Wehlen. Seine Gemeinde hätte in den zehn Jahren zwischen 1875 und 1885 rund hundert Einwohner verloren – das müsse gestoppt werden! [6]

Auch die Forstbehörden werden gefragt. Die Stellungnahmen der Oberforstmeistereien von Schandau/Hohnstein und Lohmen sind eindeutig: Abgelehnt! Und den wahren Grund für die Bahn nennt das Oberforstamt gleich mit: *„Es ist in dem Gesuche wohlweislich verschwiegen worden, was eigentlich mit einer Bahnanlage ... beabsichtigt ist. Dort soll nämlich ... ein großstädtisches Vergnügungsetablissement mit einem geräumigen Saal für den Dresdner Jahnhügel* (Sozialdemokratisch orientierter Sportverein, d. A.) *entstehen.*"[14]

Der Gebirgsverein vermerkt in seiner Zeitschrift: *„Wir wollen diesem Vorhaben mit allen Mitteln entgegentreten!"* und ein entsprechendes Gesuch an die königlichen Ministerien einreichen.[13] Das hat Erfolg.

1897 wird auf der Bastei ein großes Fest gefeiert: hundert Jahre Erwähnung in der Literatur. In der Festschrift heißt es: *„In der Erkenntnis, dass die Wanderung den wesentlichen Teil des Naturgenusses verschafft, dass ohne sie der Besuch der Bastei bei weitem nicht so lohnend sein würde als mit ihr, hat sich auch*

Seilaufzug skizziert und als Aufnahme

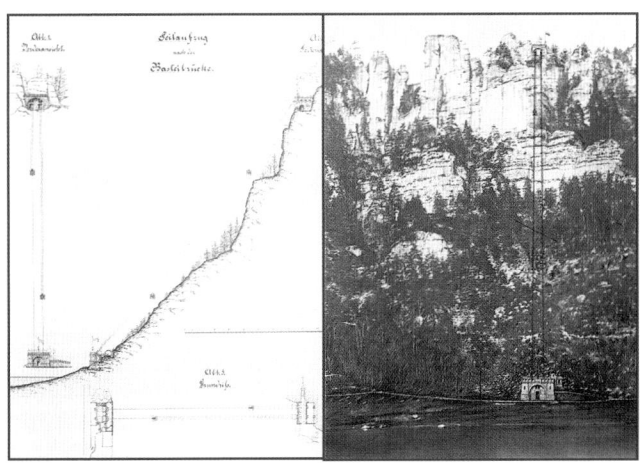

der Gebirgsverein für die sächsische Schweiz kräftig dem Plan widersetzt, durch Anlegung einer Zahnrad- oder Drahtseilbahn den Besuch der Bastei zu erleichtern Er kann sich nicht denken, wie dann noch von einem Naturgenuss die Rede sein soll, wenn die Reisenden, wie Warenballen in einem Aufzuge, aus dem Elbthale in dieses Paradies gehoben werden, ohne jede Vorbereitung, ohne die freudige Stimmung, welche die Wanderung durch die herrlichen Gründe in lachendem Sonnenschein so ganz allmählich erzeugt, ganz abgesehen davon, dass der Kohlen- und Schmierö!duft der Maschine nicht nur den Genuss der reinen Berg- und Waldluft arg beeinträchtigen, sondern auch dem Erheben des menschlichen Gemütes über die Prosa des Alltagslebens einen wirksamen Damm entgegensetzen müsste."[7]

1896 tauchen Pläne des Architekten Paul Reuter auf, eine Straßenbahn zur Bastei zu verlegen. Alle 17 Anliegergemeinden sind dafür.[6] Der sächsische Staat gerät zunehmend unter Druck. So geht es nicht weiter.

Am 4. Dezember 1897 wird eine „Verordnung gegen Bergbahnen" erlassen,[6] damit wird jegliche Idee einer Seil-, Zahnrad oder Schwebebahn in dieser Gegend per se abgelehnt. Das hilft nur vorübergehend.

Nächster Anlauf, neue Idee: Im Januar 1898 gibt es eine Anfrage ans Ministerium in Dresden nach einer Eisenbahnlinie von Pirna aus zur Bastei. Die Behörde antwortet: „Es gibt kein allgemeines Bedürfnis" nach einer solchen Linie. Es gebe genug Wege auf die Bastei.

Als gäbe es keine Verordnung gegen Bergbahnen, kam 1902 der nächste Plan ins Gespräch.

Diesmal eine Seilschwebebahn auf die Bastei – wieder legt der Architekt Alfred Stoessel genaue Pläne vor, zeichnet Berg- und Talstation und beteuert Sicherheit und Effizienz. Die Antwort aus Dresden: wie gehabt.

Der Lilienstein im Blick

Nachdem alle Versuche, die Bastei mit Bahnen zu erschließen, gescheitert waren, rückt nun der Lilienstein in den Mittelpunkt des Interesses, wenigstens hier sollte es doch möglich sein. Der Berg führte ohnehin zu dem Zeitpunkt noch eher ein Schattendasein.

Die Stele auf dem Lilienstein nimmt die Idee ja regelrecht voraus:

„Friedrich August, König und Kurfürst von Sachsen, erstieg mit ebendem Muthe, mit welchem er sich über sein Schicksal erhob, diesen steilen Felsen (unter seinen Vorfahren) zuerst, und befahl, den Zugang auf ihn ersteiglicher zu machen" (am 26.7.1708)

Und wie ginge das besser als mit einer „elektrischen Aufstiegshilfe"? Schon 1896 ersuchte der Bergwirt des Liliensteins den Königsteiner Stadtrat um die Genehmigung zum Bau einer Seilbahn, um *„den etwas schwierig zu besteigenden Lilienstein durch eine Drahtseilbahn und Fahrstuhl einem großen Publikum leichter zugänglich zu machen"*.[16]

Der Stadtrat ist nicht abgeneigt. Warum das Projekt scheitert, ist nicht zu ermitteln. Vielleicht lag es an der kurz danach herausgegebenen „Verordnung gegen Bergbahnen" von 1897.

1911 der nächste Anlauf – wieder widmet die Zeitschrift „Über Berg und Thal" dem Thema großen Raum. Die Stimmen pro Seilbahn: Man müsse *„dem allgemeinen Bedürfnis Rechnung tragen und sich den Zeitverhältnissen anpassen"*. Die Bahn sei *„fast unsichtbar"*, hätte *„nur eine Mittelstütze"* und sei ein *„hübsches Bauwerk in gefälligen Formen, ein Werk deutscher Technik, ein schönes Zeichen deutschen Könnens, deutscher Tüchtigkeit"*, unterzeichnet anonym mit „F." Der Gebirgsverein kontert: *„Diesem Berg will man ein Seil um den*

Ausgabe von „Über Berg und Tal", 1911

Hals legen, durch das er gleichsam aus seiner Höhe herunterge-
zogen wird ins Tal, ins Menschengetriebe?"[17]

Aus dem Ministerium in Dresden kommt 1911 die übliche
Antwort.

Wieder 15 Jahre später begann am Lilienstein ein letztes Tau-
ziehen, das sich über fünf Jahre hinzog, Tausende Mark ko-
stete und einen Unternehmer in den Ruin trieb. Es begann
1927 mit einer Veröffentlichung in verschiedenen Zeitungen,
so auch in „Über Berg und Thal", in der zunächst von einem
„allgemeinen Bedürfnis" nach einer Seilbahn die Rede war.[18]
Man müsse sich endlich „den Zeitverhältnissen" anpassen.

Dann stellte sich heraus, dass diese Seilbahn nicht nur einfach auf den Lilienstein hinauf fahren sollte, sondern quer
über die Elbe vom Bahnhof Pirna aus geplant war. Das brachte die Gegner, vor allem den Gebirgsverein und den 1908 ge-
gründeten Heimatverein auf die Palme: Der Lilienstein sei

eine „*einsame Majestät*", da könnten keine „*Menschlein kommen, dem Riesen Stricke um den Hals zu legen*". Und: „*Nur ein von Gewinnsucht getrübter Blick kann diese Vernichtung der Schönheit übersehen!*"[18]

Acht Heimat- und Wandervereine mit insgesamt 2200 Mitgliedern fordern den Stadtrat auf, das Projekt aufzugeben. 1927 lehnt das Sächsische Finanzministerium die Bahn ab mit der Begründung, sie „*verlaufe über Staatsforst*".[16]

Drei Jahre lang ist Ruhe. Doch dann wendet sich die Stadt Königstein erneut mit der dringenden Bitte nach Dresden: „*Angesichts der Notlage unserer Gemeinde und der ganzen Sächsischen Schweiz ist die Drahtseilbahn ein vorzügliches Mittel*", um die Geschäfte zu beleben.[16] Und sie schickt auch gleich die Planungsunterlagen der Firma C. Rudolph aus Leipzig mit, nach denen eine Bahn vom Bahnhof Königstein auf den Lilienstein mit Zwischenstation auf der Ebenheit geplant ist. Auch die Rentabilität scheint geklärt: 128 361 Besucher kamen 1927 auf die Festung Königstein – die wollte man alle auch auf den Lilienstein locken. Die Firma hatte inzwischen Tausende Mark investiert und beklagte: „*Der Hauptwiderstand gegen das Projekt liegt beim Heimatschutz.*"[9]

Dann ein schicksalsschwerer Tag – der 23. Oktober 1930. Im Rathaus von Königstein treffen sich eine Menge wichtiger Männer: drei Minister aus Dresden, der Bürgermeister, etliche Stadträte, Forstbeamte, Bauräte, Vertreter der Heimatschutzvereine, und, extra aus Chemnitz angereist, Ingenieure der Firma Rudolph mit dem Chef Curt Rudolph an der Spitze. Der sieht langsam seine Felle davon schwimmen. Er hat sein ganzes Geld in das Projekt gesteckt. Die Zukunft seiner Firma, ja seine eigene, hängt davon ab, ob er endlich bauen kann oder nicht.

Das Protokoll ist kurz, gerade mal eine reichliche Seite. Es gibt eine „*Besichtigung der Örtlichkeit*", eine „*Beeinträchti-*

Geplante Seilbahn am Lilienstein

gung des Landschaftsbildes, jedoch keine Verunstaltung" wird festgestellt. Rudolph stellt die Rentabilitätsberechnung vor, die *"lebhaft bezweifelt"* wird. Bürgermeister Engelmann unternimmt einen letzten Versuch, den Karren herumzureißen. Er betont *"in eindringlichen Worten"* das Interesse der Stadt an der Seilbahn, weil sie eine *"willkommen günstige Gelegenheit ist, zur Behebung der Arbeitslosigkeit beizutragen"* und *"bittet schließlich nochmals, das Projekt wohlwollend zu beurteilen".*[19]

Auch Curt Rudolph versucht noch einmal alles: Er ändert die Planung und schlägt eine Seilbahn am Fuß des Lilienstein vor – ohne Elbquerung. Rudolph steht das Wasser buchstäblich bis zum Hals. Hatte er sich verspekuliert, als er dachte, eine Seilbahn würde dort mit Jubel aufgenommen werden?

Doch vor allem die Naturschutzverbände waren inzwischen überaus empfindlich gegen alles, was die technische Erschließung der Berge betraf. So war der Plan kaum bekannt geworden, da lud der Landesverein Sächsischer Heimatschutz schon ausdrücklich zu einer „*Protestversammlung*"[19] ein und holte sich gewichtige Schützenhilfe: Prof. Dr. Paulcke, Seilbahnexperte aus Karlsruhe – aber auch ein persönlicher Freund der sächsischen Bergsteigerlegende Oskar Schuster („Schusterweg" am Falkenstein). Der Schwarzwälder kannte die Sächsische Schweiz aus seiner Jugend und schwärmte von „*herrlichen Klettertagen*". Er wußte also durchaus, worüber er sprach.

Paulcke, durchaus ein Freund von Bergbahnen, begeisterter Autofahrer und Techniker, betont gleich zu Anfang: „*Wir leben nun mal nicht mehr in der Zeit der Tranfunzel, des Talglichts oder der Petroleumlampe.*" Doch er beleuchtet das Thema ganz nüchtern. Die Variante einer Seilschwebebahn wäre tatsächlich zwar kostengünstiger als eine Zahnradbahn, hätte aber den Nachteil, dass sie nur maximal 24 Personen auf einmal noch oben befördern könne. Bei dem zu erwartenden Stoßverkehr, beispielsweise wenn ein Dampfer oder eine Eisenbahn auf einmal Hunderte Menschen ausstoße, käme es zu langen Warteschlangen. Und ehe die Menschen sich anstellten und warteten, gingen sie das kurze Stück auf den Gipfel sicher eher zu Fuß, denn „*der Lilienstein (ist doch) eigentlich kein Berg, er ist kein Objekt, das der Wanderer erst nach langen Mühen und Anstrengungen erreichen kann!*"

Dazu käme, dass nach allen Erfahrungen aus der Schweiz die Gemeinden, die Bergbahnen hätten, davon eher Schaden als Nutzen haben, zum Beispiel Igls und Schwaz. „*Jedenfalls wurden durch die Patscherkofel-Bahn zwei Gemeinden, Igls und Schwaz, dem Konkurs nahe gebracht, und soviel ich weiß, konnte diese Gefahr nur durch Staatshilfe beseitigt werden.*" Denn: „*Der Fremdenstrom zieht an Igls und Schwaz vorbei.*"

Und dann der Gnadenstoß: Paulcke listet am Beispiel der Schweizer Bergbahnen Kosten und Nutzen der Seilbahn auf und rechnet vor, dass sich selbst so berühmte Bergbahnen wie die Jungfraubahn, die Gornergratbahn und die Rigi-Bahn nur deshalb am Leben erhalten lassen, weil sie auch im Winter stark genutzt würden. Skilaufen war schon damals ein sehr beliebter Sport. Doch Wintersport am Lilienstein? Gnadenlos fällt das Urteil des Experten aus: *„Der Lilienstein ist nun aber – so schön er ist (...) – kein Objekt der Bedeutung für den internationalen Reiseverkehr. Er kann wirtschaftlich lediglich als eine ganz lokale Größe gewertet werden. (...) Der Lilienstein ist keine Jungfrau, kein Gornergrat ... Man kann ihm also keine starke Anziehungskraft für große Menschenmassen zuschreiben, und man darf der Rentabilität einer Lilienstein-Bahn keine günstige Prognose stellen."* Und metaphorisch ruft er der Versammlung zu: *„Vater werden ist nicht schwer, Vater sein dagegen sehr!"*[16]

Hier soll die allerneueste Variante einer Zahnradbahn entlang gehen

Ob jemand vom Innenministerium in dieser denkwürdigen Versammlung am 16. Januar 1931 saß? Das Projekt Lilienstein-Seilbahn wurde noch im gleichen Monat abgelehnt – *„fernmündlich"* [8].

Das Ingenieurbüro Rudolph stand kurz vor der Pleite. Es konnte schon im April eine Rechnung über 139 Reichsmark ans Finanzministerium in Dresden nicht mehr bezahlen. Im Juli 1931, mußte Konkurs angemeldet werden.

Über diesem Drama blieb eine noch kühnere Idee beinahe unbeachtet, aber es gab sie: Im Oktober 1930 boten die Erbauer der Nebelhornbahn in Oberstdorf an, eine Seilbahn von Königstein hoch zur Festung und von dort quer über die Elbe zum Lilienstein zu bauen.[8] Diese Idee kam aber offensichtlich sofort in die Schublade mit der Aufschrift „Luftschlösser".

War's das mit den Seilbahnplänen? Oh nein!
„Kann eine Seilbahn das Zentrum Königsteins retten?", fragte beschwörend im März 2008 die Sächsische Zeitung. Da sind sie wieder, die Argumente für eine Seilbahn, nicht viel anders als vor 80 Jahren. Wirtschaftlicher Aufschwung für die Innenstadt, in der der Besucherstrom der Festung – 600 000 Jahr für Jahr – bisher nicht ankommt. 7 bis 30 Millionen Euro könnte die Bahn kosten, je nach Variante. Die Stadt selbst hat kein Geld dafür, man hofft auf Zuschüsse des Freistaates, Investoren, Fördergelder.

Die Vorzugsvariante, der sogenannte Coaster, würde pro Stunde 720 Menschen auf die Festung befördern können. Nur leider ist die Firma, die den Coaster entwickelt hat, pleite gegangen. Dennoch: Die Stadt setzt auf „sanfte Mobilität". Je teurer Autofahren wird, je mehr der sanfte Tourismus als Alternative akzeptabel, desto mehr Menschen kommen – vielleicht – mit dem Zug nach Königstein. Für die sei die Bahn, egal ob Zahnrad-, Magnet- oder Seilbahn, eine gute Variante, um auf die Festung zu gelangen und nebenbei Geld im Stadtzentrum auszugeben.[20]

Im Frühjahr 2008 kommt ein ganz ähnlicher Vorschlag aus Sebnitz. Ein einheimischer Unternehmer möchte eine Seilbahn vom Sebnitzer Busbahnhof aus bis hinab ins Kirnitzschtal bauen, sechs Kilometer lang, mit Sommer- und Winterbetrieb. Endstation soll der Lichtenhainer Wasserfall sein, ganz nahe der berühmten Kirnitzschtalstraßenbahn. Ziel ist, Sebnitz zum Zentrum des Tourismus im Elbsandsteingebirge zu machen, denn die Kunstblumenstadt fristet eher ein Randdasein. Zu weit weg sind die großen Attraktionen. Durch die Seilbahn könnten jährlich 200 000 Menschen mehr in das Städtchen an der tschechischen Grenze kommen. Der Haken an der Sache: Die Bahn würde ein gutes Stück durch Nationalparkgelände führen. Und im Nationalpark darf nur gebaut werden, was ausdrücklich dem Naturschutz dient oder wenn ein besonders großes öffentliches Interesse vorliegt. Und sei es auch nur ein Seilbahnmast oder eine Talstation ...

Es scheint, als herrsche in der Sächsischen Schweiz ein – sagen wir – chronisches Seilbahnfieber. Es bricht immer mal wieder aus.

[1] Wilhelm Lebrecht Götzinger, 1804, „Schandau und seine Umgebung oder Beschreibung der Sächsischen Schweiz"
[2] Karl Immermann, Reisebeschreibung, o.J., Athenäum-Verlag, 4. Bd.
[3] Über Berg und Thal, 1880, Stadtmuseum Pirna
[4] Über Berg und Thal, Dez. 1885
[5] Fritz Ohnesorge, „Sächsische Schweiz, Wegeweiser für Reisende", 1881, Griebens Reisebibliothek
[6] Sächs. Hauptstaatsarchiv
[7] Oskar Lehmann, Festschrift „Die Bastei in der Sächsischen Schweiz", 1897 Verlag Köhler
[8] Sächs. Staatsarchiv Dresden, Sign. 15030
[9] Über Berg und Thal, Nov. 1880, Stadtarchiv Pirna
[10] Stadtarchiv Pirna, Akte zur Drahtseilbahn
[11] Fotografie und Apparatur, Jonas-Verlag 1998, Rene Misterek, Hermann Krone im Gebirgsverein Sächsische Schweiz
[12] Über Berg und Thal, Dez. 1880
[13] Über Berg und Thal, 15. Dezember 1885
[14] Heinz Krische, Über Bergbahnen, Stadtmuseum Pirna
[15] Postkarte im Stadtarchiv Pirna
[16] Rolf Reichel, 625 Jahre Stadt Königstein
[17] Über Berg und Thal, Juni 1911
[18] Über Berg und Thal, Februar 1927
[19] Sitzungsprotokoll vom 23.10.1930, Rathaus Königstein
[20] Projektstudie Festungsbahn Königstein 2007

OHNE SEILBAHN
AUF DEN LILIENSTEIN

Anreise: Von Dresden mit der S-Bahn1 Richtung Schöna. Diese verkehrt im 30-Minuten-Takt. Der Haltepunkt in Königstein liegt zentral. Mit dem Auto auf der Autobahn A17 bis zur Abfahrt Pirna. Von dort sind es auf der B 172 Richtung Tschechische Republik noch 15 Kilometer.

anstrengend

etwa 17 km

Einkehr: in Königstein, Halbestadt und auf dem Lilienstein

Wir fahren mit der S-Bahn bis Königstein oder parken das Auto direkt an der Elbe oder in der Stadt, es gibt dort allerdings nur begrenzte Parkmöglichkeiten. Dennoch ist das Städtchen sehr sehenswert, man achte auch auf die noch vorhandenen Haken des O-Busses (siehe Kapitel 4), zum Beispiel am Haus mit dem Fotogeschäft oder der Drogerie. Am kleinen Brunnen gegenüber der Kirche oder auch am alten Kino kann man hinauf zur Festung blicken und sich vorstellen, wie sich die geplante Festungsbahn dort einfügen würde. Direkt am Bahnhof setzt man mit der Fähre über zum Fuße des Liliensteins. Dort geht es gleich heftig los: Im Zickzack schlängelt sich der Weg hinauf auf die Ebenheit (blauer Strich). Den Lilienstein sehen wir erst wieder, wenn wir den mühevollen Aufstieg auf die Hochebene geschafft haben. Dort wenden wir uns nach links und folgen der blauen Strich-Markierung und dem Malerweg-Schild. Die kleine Straße am Panoramahotel Lilienstein querend, geht es zunächst ganz bequem weiter über historischen Boden: Hier erlebte die sächsische Armee 1756 gleich zu Beginn des Siebenjährigen Krieges eine schmähliche Niederlage gegen die Preußen. Davon ist allerdings nichts mehr zu sehen. Linker Hand befindet sich eine lange pappelgesäumte Straße, die Napoleonallee. Und vor uns ragt nun der doch recht hohe und steile Felsen auf. Wir machen uns am Beginn des Waldes an den Aufstieg auf den 415 Meter hohen Berg. Mit Hilfe einiger Leitern können Schluchten überquert und allzu steile Passagen passierbar gemacht werden. Die steinernen Stufen hat übrigens der königliche Landesbaumeister Daniel Pöppelmann in den Fels gehauen, im Auftrag von August dem Starken, der 1708 über eben diesen Südaufstieg den Lilienstein erklomm. Oben angekommen, wird man mit einer grandiosen Aussicht für die Mühen entschädigt. Das Gipfelplateau ist groß, man sollte unbedingt einen kleinen Rundgang machen. Das Westhorn ist übrigens die einzige Stelle, an der auch Kletterer den Lilienstein besteigen dürfen. Die Kletterwege an dieser Stelle sind eine Ausnahme, weil in der Sächsischen Schweiz eigentlich nur an freistehenden Felsen geklettert werden darf und nicht an Massiven wie dem Lilienstein, doch da die Ersten schon 1984 hier hoch geklettert sind und die Kante so spektakulär ist, beließ man es dabei. Ein Berggasthof lädt nach dem Rundgang zum Erholen ein.

Dann geht es im Norden des Plateaus an den steilen Abstieg über Leitern und Serpentinen entlang der Markierungen blauer und gelber Strich wieder über historischen Boden. Überreste einer mittelalterlichen Burg sind ebenso zu sehen wie alte Schanzen und der „Franzosenborn", eine überdachte Quelle aus dem Jahre 1813. Wir kommen zur Sellnitz, einer einstigen Wüstenei. Die wenigen stehengebliebenen Häuser sind heute eine Jugendbildungsstätte des Nationalparks und werden rege genutzt. Nach einem kurzen Rundgang durch das kleine Gelände wenden wir uns Richtung Elbe, gehen zurück bis zur Wegkreuzung der blauen und gelben Markierung und halten uns geradeaus auf einem nicht markierten Weg, der allerdings ein Hinweisschild hat: der Kirchweg nach Halbestadt, zur Fähre. Er führt uns unten um den Fuß des Liliensteins herum und zweigt dann nach etwa 600 Metern links Richtung Elbe talwärts ab. Am Ende stoßen wir wieder auf die Serpentinen, die uns von der Fähre nach oben auf die Ebenheit gebracht haben. Mit der Fähre geht es wieder hinüber nach Königstein zum Ausgangspunkt.

Wer übrigens den Lilienstein in voller Schönheit fotografieren will, sollte in Königstein die Straße nach Pfaffendorf nehmen und einige Serpentinen hochfahren. In der letzten Kurve bietet sich ein wunderschöner Anblick des größten Tafelberges der Sächsischen Schweiz. Ein paar Meter hinter der Kurve gibt es einige Parkflächen.

Der Lilienstein, von Königstein aus

4 Mit 40 PS und Vollgas
Die Rennstrecke bei Hohnstein

„Illegale Rennen gestoppt – Polizei sperrt Hohnsteiner Serpentinen für Motorräder" las man 2007 in der Zeitung. Die Wartenbergstraße am malerischen Polenztal bei Hohnstein ist für die einen eine herrliche Landschaftsstraße, für die anderen eine rasante Rennstrecke. Und genau dafür wurde sie auch gebaut.

Die Wartenbergstraße

Die Rennstrecke bei Hohnstein ist aber nur der spektakulärste einer ganzen Reihe von kühnen Ausbauplänen des Straßennetzes in der Sächsischen Schweiz. Manche wurden verwirklicht, andere nicht, und wieder andere würden Naturschützer heute am liebsten ungebaut sehen.

Doch hören wir die Experten: Nachdem Pläne bekannt wurden, deutlich mehr Straßen in der Sächsischen Schweiz neu- oder auszubauen, schrieb Oberforstmeister Bernhard Feucht aus Bad Schandau: *Das ist ein gewaltiges Programm, dessen*

Durchführung, wie jeder Sachverständige bestätigen wird, den sächsischen Staat und damit die Gesamtheit der Steuerzahler Millionenbeträge kosten würde, und das zu einer Zeit, in der noch Hunderttausende von Wohnungen fehlen und täglich in den Parlamenten und vom Regierungstisch aus, ebenso in der Presse Sparsamkeit bis zum Äußersten gepredigt und die Ablehnung aller nicht unbedingt notwendigen Ausgaben seitens des Staates und der Gemeinden gefordert wird!"

Geschrieben 2008? Weit gefehlt! Das Zitat ist schon 80 Jahre alt. Bereits 1928 stand dieser leidenschaftliche Appell gegen die Ausuferung des Autoverkehrs in den Mitteilungen des Landesvereins Sächsischer Heimatschutz. Die „Hebung des Verkehrs" wurde damals als **das** Mittel angesehen, um dem lahmenden Fremdenverkehr wieder auf die Beine zu helfen. Lahmender Fremdenverkehr? Was war geschehen? Anfang der 1920er Jahre boomte das Verkehrswesen doch noch! 10 000 angemeldete Kraftwagen zählte 1921 das Sächsische Finanzministerium. Ende 1927 waren es schon fast viermal so viel: nämlich 39 000. Motorräder erfreuten sich sogar noch größerer Beliebtheit: Die Zahl stieg im selben Zeitraum von 3 200 auf 38 000 – also um das Zwölffache![1]

Doch was nach dem Ersten Weltkrieg noch so gut lief, weil die Leute die Sorgen des Krieges und der Geldknappheit los waren, schlug Ende der zwanziger Jahre um. Valutaänderung und die sogenannten Aufwertungsgesetze fügten dem begüterten Mittelstand schwere Verluste zu. Für Ausflüge und Sommerfrische war kein Geld mehr da. Die überall wie Pilze aus dem Boden geschossenen Fremdenheime, Lokale und Vergnügungsstätten beklagten plötzlich einen heftigen Besucherrückgang. „Lasst mehr Autos in die Sächsische Schweiz!", hieß das neue Schlagwort. Und es ging hier nicht um Durchgangsstraßen, sondern um ausgesprochene Touristik-Routen: die Straße von Hohnstein zum Brand beispielsweise, eine Fahrstraße aus dem Kirnitzschtal zum Kuhstall, ebenso eine auf den Großen Winterberg – alle mitten durch den Wald hin zu beliebten Ausflugslokalen. Autofahren war damals noch Luxus, und so fragte der Heimatschutzverein in einer Denkschrift: *„Warum soll gerade der Automobilbesitzer seinen Sport, seinen Luxus mit Mitteln der Allgemeinheit bezahlt erhalten? Jeder Turnverein muss sich seinen Turnplatz ... selber schaffen und erhalten!"*[2] Über den Ausbau der Brandstraße musste sogar das Sächsische Finanzministerium entscheiden: Der Heimatschutzverein schrieb eine Eingabe[2], die zu seinen Gunsten entschieden wurde.

Die Brandstraße durfte nur bis hierhin gebaut werden

Geschickt argumentierten die Gegner mit wirtschaftlichen Gründen: *„Ganz erheblichen wirtschaftlichen Schaden würden auch die verschiedenen Gasthäuser der Stadt Hohnstein erleiden, die jetzt beliebte Einkehrstätten der Autofahrer bilden und an denen sicherlich nach Freigabe der Brandstraße die Kraftwagen vorüber fahren würden, um erst auf dem Brandgasthaus Einkehr zu halten."*[2] Zusätzlich wird mit dieser und anderen Straßen das Vergraulen der Fußwanderer – die immer noch deutlich in der Mehrheit waren – befürchtet: *„Die Erfahrungen auf der Bastei haben es bewiesen!"*[2] Die Bastei war dem Autoverkehr geopfert worden, *„weil wohl dieser vorgeschobene Posten als Eintrittspunkt in die Sächsische Schweiz ... den Fremdenver-*

kehrsinteressen preisgegeben werden musste"[2]. Mehr aber sollte nicht geschehen. *„Ist die Sächsische Schweiz seither ungenügend an den Weltverkehr angeschlossen und für den inneren Verkehr aufgeschlossen gewesen? Beide Fragen muss man unbedingt verneinen. Es wird kaum ein zweites deutsches Mittelgebirge geben, das in dieser Beziehung bessergestellt wäre"*[1], erklären die Heimatschützer 1928, und damit sollte die Debatte beendet sein. In den Jahren davor war in der Sächsischen Schweiz so viel wie nie zuvor gebaut worden – auch Straßen.

1901 ist das erste Kuriosum aus der Rubrik Straßenverkehr zu verzeichnen. Max Schiemann erfand die „gleislose Bielathal-Motorbahn mit elektrischer Oberleitung" – kurz, einen O-Bus. Schiemann hatte diese Erfindung zunächst den Dresdnern schmackhaft machen wollen, die aber lehnten dankend ab. Doch die Königsteiner Stadträte erteilten ihm schließlich nach einigem Hin und Her die Betriebserlaubnis für seine „Motorbahn", die übrigens Holzräder hatte, mit Eisenbeschlag.

Schiemann war Geschäftsmann, kein unrealistischer Technokrat. Zur besten Sommerfrischler-Urlaubszeit am 10. Juli 1901 ging die Bahn in Betrieb und sollte vor allem eines sein – wirtschaftlich. Vier Kilometer lang war die Strecke zwischen Königstein und der damaligen Kaltwasseranstalt Bad Königsbrunn im Bielatal, einem beliebten Kurort. Mit zwölf Kilometern in der Stunde kam der Fahrgast für damalige Verhältnisse schnell und bequem ans Ziel. Außer den Kurgästen sollte der O-Bus auch Arbeiter befördern: Im Bielatal siedelten etliche größere Fabriken für Feinpapiere und Parkettböden sowie zwei Schneidemühlen. Für den Transport von Gütern konnten an den Triebwagen noch Anhänger gekoppelt werden.

Doch irgendwie stand der O-Bus unter keinem guten Stern. Schon bei der Probefahrt kurz vor der Eröffnung zerriss ein Befestigungsdraht. Ein paar Wochen später berichtete der Pirnaer Anzeiger, dass an einigen älteren Gebäuden entlang der Strecke Risse im Mauerwerk entdeckt worden seien. Und dann

Der erste Oberleitungsbus der Welt fuhr in Königstein

der erste Unfall: „*Durch einen Wagen der elektrischen Bahn er-folgte am Sonntag ein Zusammenstoß mit einem Kutschgeschirr, wobei die in letzterem befindliche Dame in Krämpfe verfiel.*"[5]

Trotzdem kam es für die Königsteiner überraschend, als Schiemann mitten in der Urlaubssaison 1904, nach drei Jahren Betrieb der Linie, das Handtuch warf. Er stellt den Antrag auf Demontage der Anlage. Die Gründe waren in erster Linie wirtschaftlicher Art: wenig Fahrgäste und kaum noch Interesse der Fabriken am Fuhrgeschäft. Die Anlagen wurden abgebaut, die Masten an die Kirnitzschtalbahn verkauft, die Wagen gingen nach Wurzen, wo Schiemann einen neuen Anlauf nahm und dort die Gesellschaft für gleislose Bahnen gründete.

Doch der Ruhm bleibt ihm und dem Städtchen Königstein erhalten: Hier fuhr einmal die erste O-Bus-Linie der Welt.[4] Noch heute kann man an einigen Gebäuden entlang der Biela-tal-Straße Haken in etwa fünf Meter Höhe finden – sie dürfen aus Denkmalschutzgründen nicht abgebaut werden.

Beispiele für die unter Denkmalschutz gestellten Haken

Anderswo war die Verkehrsplanung erfolgreicher aber auch schicksalsschwerer.

Burg und Städtchen Hohnstein, hoch auf einem Felsen über dem Polenztal gelegen, waren zwar geeignet, um Raubgesindel und Wegelagerer abzuschrecken, doch die gab es Anfang des 20. Jahrhunderts kaum noch. Abschreckend wirkten die Lage und der Straßenzustand eher auf die Autofahrer.

Also entstand von 1919 bis 1922 eine wichtige Verkehrsverbindung: Die Wartenberg- und Mühlbergstraße wurde von einer steilen und kurvenreichen Holperpiste zur ordentlichen Straße nach modernsten Maßstäben ausgebaut. Von der Höhe bei Rathewalde ging es hinab ins Polenztal und wieder hinauf zum Städtchen Hohnstein. Eine geschichtsträchtige Stelle: Die Überquerung des Flüsschens Polenz, eigentlich mühelos sogar zu Fuß durchs Wasser möglich, stürzte 1813 die Armee Napoleons ins Chaos, weil die Truppe den kleinen steinernen Übergang (den Napoleon selbst 1805 hatte bauen lassen) nicht finden und ihrer Vorhut im Kampf gegen die Russen bei Struppen nicht rechtzeitig zu Hilfe eilen konnte. Das war der Anfang vom Ende Napoleons. So wendete sich das Schicksal des großen Kriegsherren an einer kaum beachteten kleinen Brücke im Elbsandsteingebirge …[3]

Eine viel höher angelegte Brücke war ebenfalls oft im Gespräch. Schon um die Jahrhundertwende herum gab es Pläne des Stadtrates Schaffrath in Hohnstein, eine große und hohe Brücke über das Polenztal zu schlagen. Die Legende besagte, dass an dieser Stelle, 50 Meter über der Talsohle, in grauer Vorzeit gar eine Lederbrücke existiert haben soll, die vom Hockstein zum Hohnstein reichte und deren Reste – Eisenhaken im Felsen – immer noch sichtbar seien. Das wären immerhin rund 400 Meter Luftlinie gewesen, in schwindelnder Höhe! Beweise dafür finden sich nicht, wohl aber für ein anderes Brückenprojekt.

Die Firma Max Pommer schlug im Zuge der Straßenbauarbeiten eine hochmoderne Brückenkonstruktion vor: 55 Meter über der Talsohle des Polenztales, nur 7,5 Meter breit, rund eine Million Mark Baukosten. Die Brücke würde allerdings nur einen Umweg von rund einem Kilometer ersparen und sollte deshalb in wirtschaftlicher Hinsicht genau durchgerechnet werden. Dies ergab, dass hier mindestens so viele Fahrzeuge über die Brücke rollen müssten, wie auf allen in Pirna einmündenden Staatsstraßen zusammengenommen: rund 1000 Tonnen Last. In Hohnsteins Nachbargemeinde Rathewalde jedoch, von wo aus der meiste Verkehr zu erwarten war, kamen täglich gerade mal 150 Tonnen durch. Um die Brücke einigermaßen rentabel auszulasten, müssten also von jedem Kraftfahrer oder Fuhrwerk 1,60 Mark Maut, von jedem Lastkraftwagen sogar 7 Mark verlangt werden. Niemand nahm ernsthaft an, dass jemand für diese minimale Wegersparnis so viel Geld ausgeben würde.[3] Das Projekt Polenztalbrücke landete auch in der Schublade für Luftschlösser.

Doch die schöne neue und serpentinenreiche Straße bei Hohnstein beflügelte noch andere Ideen. Die Autos hatten mehr PS, gefahren wurde mehr und mehr einfach aus Spaß. Auto- und Motorradrennen kamen in Mode. Am 30. Mai 1926 startete das erste offizielle „Hohnsteiner Bergrennen" mit Rennwagen und Motorrädern. Genau 2,6 Kilometer mit zehn mehr oder weniger gefährlichen Kurven mussten zurückgelegt werden – und alles bergauf. Damals war die Straße allerdings erst halb so breit wie heute, umso mehr war das Können der Rennfahrer gefordert. Der Auftakt war ein Riesenerfolg: Mehr als zehntausend Zuschauer kamen an die Strecke zwischen Polenztal und Hocksteinschänke. Der siegreiche Mercedes-Fahrer Merz aus Esslingen benötigte 3:24,1 Minuten bis ins Ziel. Die Elite des deutschen Rennsports, wie Bernd Rosemeyer, Rudolf Caracciola, Ernst von Delius, Robert Kohlrausch und Hans Stuck schrieben sich in die Starterlisten ein. Beim fünften und damit letzten Rennen im Jahr 1933 kamen fünfzigtausend Menschen – eine unvorstellbar große Zahl und logistisch für die kleinen Gemeinden im Umkreis kaum zu bewältigen. Inzwischen hatten die Nazis die Macht übernommen, und beim letzten Bergrennen stellte schon die berüchtigte SA die Ehrenwache.

Spätestens jetzt wurde auch ein Plan öffentlich, der schon seit 1930 im Gespräch war: Die Hohnsteiner Rennstrecke sollte zu einem Rundkurs erweitert werden und den Namen „Großdeutschlandring" bekommen. Es sollte *„die neueste und modernste Rennstrecke des deutschen Kraftfahrsportes"*[6] werden. Die Lage im rennsportbegeisterten Sachsen (1938 hatte der Sachsenring bei Hohnstein-Ernstthal 300 000 Besucher!) ließ neue Zuschauerekorde erhoffen. Eine Million Zuschauer sollten an der Strecke Platz finden, 350 000 Parkplätze waren geplant! Die Daten des neuen Rundkurses: exakt zehn Kilometer lang, zwölf Meter breit (der Nürburgring war damals nur acht Meter breit!), Kurvenbreite 20 Meter, 16 Serpentinen ins Polenztal, die Startgerade (mit Tribüne) bei Hohburkersdorf zwei Kilometer lang und 24 Meter breit.

Erinnerungstafel von der Wartenbergstraße

Der Ort Hohburkersdorf wurde mit einer 50 Meter langen und zehn Meter hohen Brücke überspannt. An der Heeselichtmühle wurde ein Felsriff mit 45 000 Kubikmeter Gestein weggesprengt. Die erst vor zehn Jahren ausgebaute Wartenberg- und Mühlbergstraße wurde nochmals um vier Meter verbreitert. Der Großdeutschlandring sollte „DIE Wagenrennstrecke des Kontinents"[3] werden.

Sechs Jahre lang wurde in aller Stille gebaut. Als 1933 die Jugendburg Hohnstein (heute Jugendherberge) quasi über Nacht zum Schutzhaftlager für politisch Andersdenkende wurde, mussten die Inhaftierten von nun an täglich in harter Arbeit die Rennstrecke ausbauen. Bis August 1934, als das Lager aufgelöst wurde, marschierten jeden Tag Kolonnen von Arbeitern unter strengster Bewachung ins Polenztal. Heute erinnert eine Tafel daran.

Doch nach 1934 war der Großdeutschlandring noch längst nicht fertig. Neue Arbeitskräfte mussten her, möglichst bil-

Häftlinge bauen den Großdeutschland-Ring

lige. Es waren Zuchthäusler aus Chemnitz, die zum Bau der Rennstrecke nach Hohnstein geholt wurden. Ein Barackenlager wurde extra für sie aus dem Boden gestampft. Das Gemälde der Strecke, 1939 entstanden, zeigt auch dieses Häftlingslager.

Am 26. April 1939, reichlich 4 Monate vor Ausbruch des Zweiten Weltkrieges, meldete der Drahtlose Dienst über alle Sender die Einweihung des Großdeutschlandringes. Adolf Hitler bekam in Berlin ein Modell der Strecke überreicht.

Die Einweihungsfeier verlief allerdings nicht ganz so, wie es sich die Nazis erhofft hatten. Eigentlich sollte es nur eine Besichtigung der Baustelle sein. Die Straße war fertig, allerdings fehlten komplett die Tribünen, Hotels, Boxen, Parkplätze, die Tribüne für Rundfunk und Wochenschau, die Montagehallen. *„Es ist der unbedingte Wille der Schöpfer, dass dieses Bauwerk der Zukunft gehört"*[3], schrieb NS-Obersturmführer Dießner beschönigend im Dresdner Jahrbuch 1940.

Sprich – man war nicht fertig geworden. Die Kriegsvorbereitungen der Nationalsozialisten ließen das opulente Bauwerk nicht zum Ende kommen. Für Repräsentation war jetzt kein Geld mehr da. Das geplante Eröffnungsrennen fiel sang- und klanglos aus. Und der „*Schöpfer des Großdeutschlandringes*"[3], NSKK-Obergruppenführer Paul Lein, starb fünf Tage nach Beginn des Krieges am 6. September 1939 an der Ostfront.

Gemälde von der Rennstrecke

Übrig geblieben ist die Strecke – wer von Hohburkersdorf Richtung Hocksteinschänke fährt, wird sich über die an dieser Stelle enorm breite Straße wundern, über die Brücke, die den kleinen Ort Hohburkersdorf überspannt und über die „Einkehr zur Rennstrecke". Wären die eigentlichen Pläne verwirklicht worden, stünden am Straßenrand jetzt die Tribünen und Hallen, gäbe es Unmengen von Parkplätzen. Und sicher immer wieder Auto- oder Motorradrennen. Die gibt allerdings es immer noch – illegal.

Das letzte spektakuläre Straßenprojekt stammt aus den frühen 50er Jahren des 20. Jahrhunderts.

In der DDR wurde immer noch an der Beseitigung der Kriegsschäden gearbeitet. Gleichzeitig gab es grundsätzliche strukturelle Überlegungen: Städtebau nach Plan, Verkehrslösungen für die Zukunft, Infrastruktur nach modernen Gesichtspunkten. Vieles schien damals im Zuge des Neuaufbaus machbar. Auch über den schon lange angedachten Schutzstatus des Elbsandsteingebirges wurde nun konkret gesprochen. Im Frühjahr 1953 nahm eine Kommission „Naturschutzgesetzgebung" der Deutschen Akademie der Landwirtschaftswissenschaften ihre Arbeit auf. Sie schlug die Schaffung eines Nationalparks Sächsische Schweiz vor – des ersten Nationalparks Deutschlands. Als Nationalpark musste die Sächsische Schweiz allerdings mit noch weit mehr Besuchern rechnen, als es ohnehin schon waren. Neben den Überlegungen zu Gastronomie und Hotellerie musste auch ein Verkehrskonzept her. Und da kam ein kühner Plan auf den Tisch.

Eine Autobahn nach Prag, über Heidenau, Zehista, Dohma, Langenhennersdorf war schon lange im Gespräch. Aber sie erreichte nicht die rechtselbischen Gebiete, den Lilienstein, die Bastei, die Schrammsteine. Also bekam der Landschaftsarchitekt Otto Schweitzer aus Dresden vermutlich von der Bezirksparteileitung den Auftrag, eine Studie zu zeichnen, wie das Problem gelöst werden könnte. Der „Nationalparkring" war geboren. Im Dezember 1954 erreichte die entscheidenden Stellen im Ministerium ein Plan, den eine Frau gezeichnet hatte, die damals als einfache technische Zeichnerin in Schweitzers Büro saß: Irmgard Uhlig. Heute ist sie bekannt als die Malerin des Elbsandsteins, ihre oft großformatigen farbstarken Gemälde hängen in vielen Galerien und Ausstellungen im In- und Ausland. Irmgard Uhlig ist heute 97 Jahre alt, erinnert sich aber durchaus noch an diesen Auftrag.

„Ich war dabei, als die Begehung der möglichen Grenze des Nationalparks stattfand", erzählt die alte Dame. Im Anschluss daran zeichnete sie die Karte.

Irmgard Uhlig mit ihrer Karte

Der Nationalparkring sollte eine vierspurige Schnellstraße, möglicherweise sogar eine Autobahn werden; bei Birkwitz hätte eine Brücke die Elbe überspannt. An der Bastei, an der Hohburkersdorfer Höhe, einem exzellenten Aussichtspunkt, und auf der Panaramahöhe bei Langenhennersdorf wären große Rasthöfe gebaut worden. Die sogenannte Alte Böhmische Glasstraße, die heute eine wenig befahrene Nebenstrecke ist, wäre eine moderne Schnellstraße geworden, direkt zwischen den beiden Teilen des Nationalparks hindurch. Linkselbisch hätte die Strecke gerade noch zwischen Papst- und Pfaffenstein hindurch gepasst.

Das war kein Auftrag wie jeder andere. Irmgard Uhlig, selbst aktive Kletterin und leidenschaftliche Wanderin in der Sächsischen Schweiz, hat sich damals sehr darüber aufgeregt. *„Wir sind mit dem Fahrrad zum Klettern gefahren, ich hätte die Straßen nicht gebraucht!“*, sagt sie heute. Aber: *„Es gab eigentlich keinen Protest gegen den Straßenbau im Elbsandsteingebirge.“* Protest gegen höhere Entscheidungen war zu

Die Originalkarte des Nationalparkringes

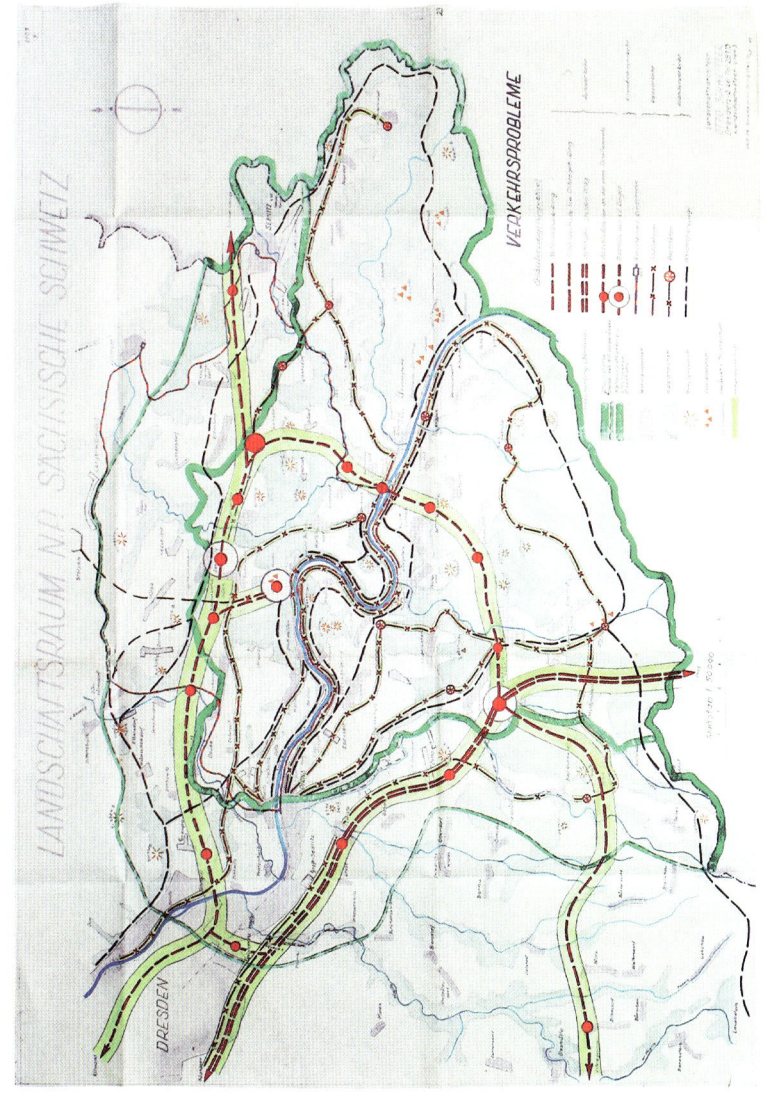

DDR-Zeiten auch nicht gerade üblich. Und letztlich musste eine moderne Verkehrslösung ja nicht von vornherein negativ zu beurteilen sein. Woran letztlich das Projekt gescheitert ist, lässt sich nur vermuten: Es wird zu teuer gewesen sein. Denn selbst bis zur Fertigstellung der Autobahn Dresden – tschechische Grenze sind nach 1954 noch einmal über fünfzig Jahre vergangen.

So bleibt der Autobahnring um die Sächsische Schweiz ein Luftschloss.

Rennstrecke bei Hohburkersdorf

[1] Mitteilung LV Sächs. Heimatschutz Heft 9-12, 1928
[2] Mitteilung LV Sächs. Heimatschutz Heft 3-4, 1928
[3] R. Lehnert, Die Wartenberg- und Mühlbergstraße bei Hohnstein, o.J., Pirna
[4] A. Wächter, W. Böhnert, Sächsische Schweiz, Landeskundliche Abhandlung, SMUL/NPV
[5] Rolf Reichel, 625 Jahre Stadt Königstein
[6] Hermann Dießner, Der Großdeutschland-Ring bei Dresden, Dresdner Jahrbuch 1940

DURCH DEN BÄRENGARTEN ZUR BRANDAUSSICHT

Anreise: Auf der Landstraße aus Richtung Dresden über das Fischbacher Kreuz, Stolpen, Neustadt, Hohnstein. Über die A17 Richtung Prag/Abfahrt Pirna; Richtung Graupa / Pillnitz weiter über Lohmen, Rathewalde, Hohnstein.

mittelschwer

etwa 18 km

Einkehr: in Hohnstein, Brand

Wer einmal das echte Rennstrecken-Gefühl testen will, der startet mit dem Auto in Hohburkersdorf am Gasthaus „Einkehr zur Rennstrecke". Hohburkersdorf erreicht man von Dresden kommend am besten über Stolpen-Langenwolmsdorf-Heeselicht, wo im dortigen Gasthaus „Erbgericht" auch das Gemälde der Strecke hängt. Von dort geht es in Richtung Hohburkersdorf schon ein Stück der Rennstrecke entlang. An der Kreuzung Hocksteinschänke fährt man gerade hinüber in die Serpentinen Richtung Hohnstein hinein. Kurvig und steil zieht sich die Straße ins Tal hinab. Unten angekommen, biegt man links nach Stolpen/Heeselicht ab und fährt den Berg in gemäßigteren Kurven wieder hinauf. In Heeselicht geht es nach links an den Ausgangsort zurück. Dann hat man genau zehn Kilometer absolviert.

Wer aber lieber – oder zusätzlich – wandern will, dem sei eine andere Tour empfohlen. Man parkt das Auto auf dem Parkplatz am Markt in Hohnstein oder, ein Stück weiter durch die Stadt, auf dem rechts der Straße liegenden Parkplatz „Eiche" und folgt am Rathaus der Ausschilderung „Malerweg" Richtung Bärengarten (grüner Strich). Es geht unterhalb der Burg (Jugendherberge) steil nach unten. Im Bärengarten wurden früher tatsächlich Bären für die Jagd gehalten. Eine halb verfallene Mauer erinnert daran. Der Weg führt vorbei an der Gautschgrotte, die man unbedingt anschauen sollte – im Winter bilden sich dort manchmal wunderbare Eisfälle. Hier sind vor allem Teile einer geologisch weichen Sandsteinschicht verwittert und haben einen großen, etwa 18 Meter hohen Felsüberhang entstehen lassen, von dessen Rand oft Wasser hinab tropft. Besonders bekannt ist die Gautschgrotte für die eindrucksvollen Eisbildungen im Winter. 1881 brachte der Gebirgsverein für die Sächsische Schweiz eine Inschrift zu Ehren des Heimatforschers Karl Gautsch an, nach dem diese Grotte benannt wurde. Auf dem Halbenweg geht es entlang alter Steinbrüche, Höhlen und Klettergipfel durch die wildromantische Felsenwelt (grüner Strich). Wir umlaufen die große Räumichtwiese, die zum Hinlegen und Ausruhen einlädt, und stoßen nach einer großen Linkskurve auf eine Wegkreuzung. Dort wenden wir uns nach rechts, den Neuweg hinab (roter Strich) und steigen oft recht steil ins Tal der Polenz hinab. Unten angekommen geht es nach links und nach wenigen Metern schon wieder Berg hoch, den Schulzengrund hinauf. Der Aufstieg ist nicht allzu lang, und oben angekommen, trifft man auf die Brandstraße, die sich auch vielfach gegen eine Freigabe für den Autoverkehr wehren musste. Der breite, ebene Weg führt nun rechts in wenigen Metern zur Brandaussicht, einer der spektakulärsten Ausblicke der Sächsischen Schweiz. Das dortige Gasthaus bietet alles, was das Herz begehrt, und informationshungrige Wanderer können einen Blick in die Informationsstelle des Nationalparks werfen, in der auch einige der hier beschriebenen Luftschlösser aufgeführt sind, unter anderem die Rennstrecke, die Autobahn und die Kanzlerköpfe. Wer nun die Zeit ganz und gar vergisst, kann sogar ein Nachtquartier bekommen.

Nach ausgiebiger Rast geht es auf der bequemen Brandstraße immer geradeaus Richtung Hohnstein zurück. Am Parkplatz Eiche steht entweder schon das Auto, oder man wendet sich nach links ins Stadtzentrum. Ein Berggasthof lädt nach dem Rundgang zum Erholen ein.

Die Brandaussicht

Burg Hohnstein im Abendlicht

5 Hochhaus auf der Bastei
Heimatschützer verhindern den Bau

Geschäftstüchtige Gastronomen gab es schon immer. Kaum hatten die ersten Wandervögel die Sächsische Schweiz entdeckt, war klar: Hier ließ sich mit dem Hunger und Durst der Naturliebhaber und Künstler Geld verdienen. Auch Ästheten müssen essen und trinken. 1797 verkaufte ein findiger Bäckermeister erstmals Brote und Brezeln aus dem Tragekorb an die Touristen, die die Bastei erklommen hatten. Er war sozusagen der Ur-Wirt, und es sollten ihm viele folgen.

Pfingstsonntag 1812 trat erstmals der Lohmener Fleischhauer Pietzsch auf den Plan. Er schleppte an schönen Tagen morgens Lebensmittel von Lohmen auf den Basteifelsen und abends wieder zurück. 1814 war es, als er die Lauferei satt hatte und dank ausreichender Kundschaft ein lohnendes Geschäft witterte, wenn er auf diesem beliebten Ausflugsplatz feste Unterstände baute. Drei kleine Rindenhütten waren es – der Grundstein für eine der lukrativsten Lokalitäten im Elbsandsteingebirge. Pietzsch hatte sich nicht verrechnet, die Wanderer kamen in Scharen. Die Neider aber auch: Amtsrichter Schedlich aus Rathen, der bisher unten im Tal die Wandervögel bewirtet hatte, sah sein Geschäft zusammenbrechen. Alle Ausflügler versorgten sich auf der Bastei, keiner kam mehr in seine Wirtschaft! Der Rechtsstreit der beiden Wirte dauerte zwei Jahre, trieb so kuriose Blüten wie die angedrohte Sperrung der Basteiaussicht und endete mit einem Sieg für den Fleischermeister. Der allerdings hatte nichts davon, weil er, kaum aus dem Gericht heraus, eine Zuchthausstrafe wegen Erpressung antreten musste. Pietzschs Frau führte die Basteiwirtschaft bis 1816 und löste dann ihren Mann im Zuchthaus ab: Ehebruch! Letztlich lachte sich der verhinderte Rathener Gastwirt und Richter Schedlich doch noch ins Fäustchen: 1816 brannte – warum ist ungeklärt geblieben – das hölzerne Gasthaus bis auf die Grundmauern ab. 1820 übernahm Schedlich die zerstörte Schankwirtschaft, er war es auch, der 1826 das erste größere Gasthaus errichten ließ, mit Logierhaus. 1858 wurde sogar ein Aussichtsturm gebaut. Zum Ende des 19. Jahrhunderts kamen Automobilgaragen dazu.

Der Aussichtsturm als Postkartenmotiv

Und die Wanderer kamen in großer Zahl, wenn sie auch nicht immer ganz zufrieden waren:

„Es ist etwa Außerordentliches, aber nichts Schönes, und wenn man es einmal gesehen, hat man es genug, wie alle starken Ef-fekte. Der Champagner, den ich geben ließ, schien nicht weit von der Bastei gewachsen zu sein. Das ist überhaupt eine Trübsal im Sachsenlande mit der Leibesnahrung an den Wirtstischen", schreibt Karl Immermann in seiner Reisebeschreibung aus der Sächsischen Schweiz.

Das wollten die Wirtsleute nicht auf sich sitzen lassen!

1895 stellte Karl Schmidt ans „Königliche Finanz-Ministeri-um" einen Antrag auf Erweiterung der Gaststätte – und für 49 644 Mark und 96 Pfennige wurde auch gebaut.

1897, zum Jubiläum der hundertjährigen Erwähnung der Bastei (obwohl man später sogar einen noch älteren Vermessungseintrag von 1586 fand), gab es hier oben bereits alle Errungenschaften des modernen Lebens: eine Hochdruck-Wasserleitung, Fernsprechstelle, ein Gasthaus mit 60 Betten und 10 Notlagern, ein Lesezimmer mit 14 Tageszeitungen und eine Bibliothek mit 2 000 Büchern, sowie einen Gondelteich. 70 000 abgeschickte Postkarten jedes Jahr wurden gezählt – das waren mehr als vom Brocken, dem höchsten Berg im Harz!

Am 1. Oktober 1938 wurde die Bastei zum Naturschutzgebiet erklärt, als erstes Reservat überhaupt in dieser Gegend. Zwei Kriege und zwanzig Jahre Sozialismus später geriet die Bastei wieder in die Schlagzeilen – und wie!

„Die Nachricht schlug ein wie eine Bombe. Wäre es nicht Sommer gewesen, ich hätte das für einen Aprilscherz gehalten." Was da am 11. Juni 1969 fast unkommentiert in der Sächsischen Zeitung auf Seite 6 als Fotomontage erschien, ließ Dietrich Graf, damals Oberförster in Hohnstein und Kreisnaturschutzbeauftragter, den Atem stocken.

Fotomontage aus der Sächsischen Zeitung vom 11. Juni 1969

Auf der Bastei, direkt vorn an der Felskante, sollte ein Hochhaus gebaut werden, ein neues Hotel. Hundert Meter hoch, wurde gemunkelt. War das nur eine Zeitungsente, eine Idee, oder war da was Wahres dran?

Dietrich Graf: *„Wir Naturschützer hatten damit gerechnet, dass da ein Neubau kommt irgendwann, denn die Bastei hatte es dringend nötig von ihrer touristischen Bedeutung her. Aber das schlug schon wie eine Bombe ein, dass das ein Hochhaus werden sollte. Nicht dass wir etwa grundsätzlich gegen Modernes wären. Jede Epoche hat gebaut, und wir müssen in einer modernen Zeit auch modern bauen, aber es muss maßvoll in die Landschaft passen."*

Gerüchte hatte es ja gegeben: Dass etwas Neues, Großes, im sozialistischen Baustil auf der Bastei gebaut werden sollte. Und ein Neubau war auch dringend nötig: Die alten Gebäude waren an die hundert Jahre alt und baufällig, den Touristenmassen der sechziger Jahre nicht mehr gewachsen. Zur Hochsaison spazierten fünfzigtausend Menschen über die Bastei – an einem Tag! Dutzende FDGB-Ferienheime eröffneten in dieser Zeit. Für die ganze Republik war das Elbsandsteingebirge ein überaus beliebtes Ferienziel.

Walter Ulbricht hatte 1969 Dresden besucht und, beeindruckt von den rasanten Städtebaumaßnahmen in der Prager Straße und am Kulturpalast, euphorisch gefordert, dass *„das Neue in unserer sozialistischen Gesellschaft im weiteren Gebiet (Dresdens) zum Ausdruck zu bringen (sei)"*. Und wie konnte das Neue im Sozialismus besser zum Ausdruck gebracht werden, als durch solch einen Leuchtturm? Bei klarem Wetter hätte man den Hochhausturm bis nach Dresden sehen können!

Im kleinsten Kreis, in der Bezirksleitung der SED, reifte die Idee und wurde zum Plan: Das Bezirksbauamt bekam den Auftrag, ein Hochhaus zu entwerfen. Auf dem Bezirkstag im Juni 1969 wurde es erstmals einem ausgewählten kleinen Kreis von Politikern vorgestellt.

Wie geheim das Projekt war, zeigen die Protokolle des Rates des Bezirkes, die heute noch im Sächsischen Staatsarchiv aufbewahrt werden. Im Protokoll vom 31. Juli 1969 heißt es: *„Über die Probleme der Investmaßnahme Hotel Bastei ist keinerlei Öffentlichkeitsarbeit durchzuführen!"* [2]

Doch man hatte nicht damit gerechnet, dass die sonst so gut kontrollierte Presse der DDR, in dem Fall die Sächsische Zeitung, ohne vorherige Absprache ein Bild des Modells veröffentlichte. Da stand zwar nicht viel mehr dazu als „Blick in die Zukunft", „Studie" und „Diskussionsgrundlage", aber allein, dass schon 400 Hotelbetten und 1600 Gaststättenplätze erwähnt wurden, ließ darauf schließen, dass die Planung weit fortgeschritten war. Und der DDR-Bürger war sensibel: Wenn etwas einmal in der Zeitung stand, konnte man davon ausgehen, dass es „von ganz oben" abgesegnet war.

Eine Flut von Eingaben und Nachfragen kam auf die Bezirksleitung in Dresden zu. Der Stein kam ins Rollen, und man hätte ihn gern aufgehalten.

Außer der einen Fotomontage erschien nichts mehr in den Zeitungen der DDR. Der Presse wurde blitzschnell ein Maulkorb verpasst. Doch da war die Diskussion schon in vollem Gange.

„Da bereits das dem Bezirkstag als Diskussionsgrundlage ausgestellte Modell Bastei ohne Zustimmung durch Tageszeitungen veröffentlicht wurde, ging eine ganze Reihe Eingaben beim Bezirksbauamt ein, und besonders aus Kreisen des Naturschutzes und der Bergsteiger. (...) Bei den geführten Aussprachen konnte volle Zustimmung zum Gaststättenkomplex, jedoch nur teilweise Zustimmung zum Hotelturm erreicht werden." [2] Will heißen – es gab helle Empörung.

Dietrich Graf, damals einer der engagiertesten Naturschützer, erinnert sich:

„Die Bombe platzte, als das Foto in der SZ erschien mit dem geplanten Hochhaus. Wir haben uns im Kreis der Kollegen sofort verständigt, dass ein so hohes Gebäude in dieser filigranen Landschaft die Maßstäbe der Landschaft stört und verletzt.

Knapp 200 Meter sind es von der Elbe bis hoch zur Aussicht, und 90 Meter sollte das Hochhaus werden. Da werden komplett die Höhenverhältnisse zerstört. Allen war klar: Dieser Bau muss verhindert werden. Im Juli, August wurde es spruchreif, es gab eine Beratung am Nachmittag mit dem Bund deutscher Architekten auf der Bastei, da habe ich gemerkt, wie ernst dieser Plan wird. Wir waren recht erschrocken, wie intensiv das Projekt schon vorbereitet war. Da hatten wir die eine Möglichkeit, beispielsweise – ganz offen gesagt – mit gelenkten Eingaben.

Dann haben wir versucht, über einflussreiche Personen Kontakte herzustellen und die zu überzeugen, dass wir gemeinsam etwas unternehmen müssen. Ich bin zu einigen hingefahren – habe aber auch Enttäuschungen erlebt: Heinz Klemm, der Dresdner Schriftsteller, hatte einen guten Ruf auch innerhalb der Partei, aber er sagte, er stehe dafür nicht zur Verfügung. Er hatte selbst ein Buch geschrieben, ,Entdeckungen der Sächsischen Schweiz', das hatte mir gut gefallen, ich habe ihn gelobt, aber er wollte nicht. Er wollte sich nicht reinmengen, war wohl eher politisch zu sehen."

Es war das Jahrzehnt der kühnen Riesenbauten in der DDR: Das Panorama-Hotel in Oberhof, die Fernsehtürme in Berlin und Dresden, der Kulturpalast und die Prager Straße mit ihren Hotelhochhäusern entstanden in dieser Zeit. Und für die Bastei war Geld da, denn dass hier etwas Neues entstehen sollte, war schon lange geplant.

Doch so, wie das Hotel schließlich gebaut werden sollte, sprengte es alle vernünftigen Grenzen: unten das Eingangsgeschoss, Installationsgeschoss, Personalgeschoss, Gesellschaftsgeschoss; darüber Kongressgeschoss, Cafégeschoss, ein weiteres Installationsgeschoss, sowie 20 Bettengeschosse mit Platz für 360 bis 400 Gäste. In drei Geschossen die gastronomische Versorgung: Rucksackgeschoss, Damastgeschoss für die gehobene Gastronomie, Lager-Geschoss und ganz unten die Felsenbar. 1760 Gaststättenplätze! 90 Meter hoch sollte der Turm werden. Ein V-förmiger Grundriss sollte den Blick ins Elbtal ermöglichen. Ein Schwimmbad auf dem Dach war der Gipfel der modernen Hotellerie. Der Architekt Wendt hatte im Auftrag des Bezirksleitung den Auftrag ausgeführt.

Ausriss, Staatsarchiv Dresden, Protokolle

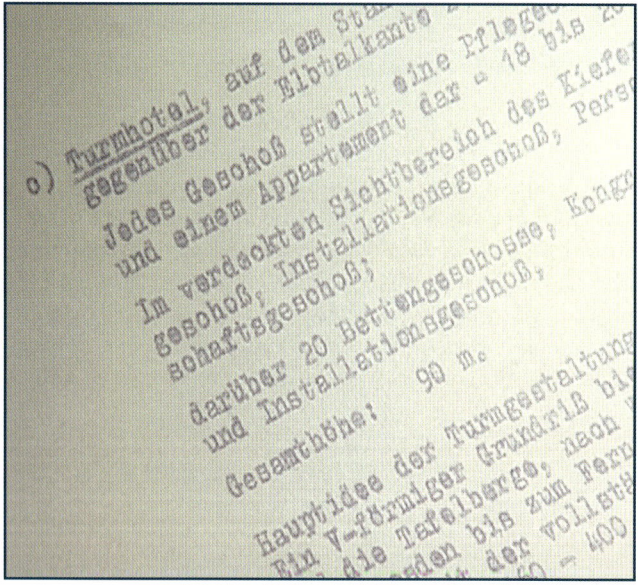

Erste Zweifel aus den Reihen der Bezirksleitung, ob denn so viele Betten überhaupt ausgelastet werden könnten, werden zunächst abgeschmettert: „*Während eine Reduzierung der Gaststättenplätze ... ohne wesentliche Beeinträchtigung des Baukörpers der Gaststätte möglich ist, ist eine Reduzierung der Hotelplätze ohne Aufgabe der Grundidee nicht zu verwirklichen. ...*

*Eine Reduzierung der Geschosszahl nähert den Baukörper vom
Turm zum Klotz und bedeutet eine Aufgabe der städtebaulichen
Grundidee."*[2]

Bis ins Detail hatten die Städteplaner alles niedergeschrieben:
28,8 Millionen Mark sollten investiert werden, plus Folgeko-
sten, als da wären Wohnungen für die Angestellten, Wäsche-
rei, Straßen, Kinderkrippen und -gärten. Alles in allem stand
schließlich eine Zahl von 89,7 Millionen DDR-Mark auf dem
Papier.

Lapidar notiert das Sitzungsprotokoll: „Die erforderlichen
Mittel stehen nicht zur Verfügung." Es sollten „Verhandlungen
zur Umverteilung" geführt, ein langfristiger zinsloser Kredit
gefunden werden, es wurde überlegt, alle technischen Ausrü-
stungen aus dem Inland heran zu organisieren, ja – auslän-
dische Arbeitskräfte sollten zur Unterstützung kommen und
im Neubaugebiet auf dem Sonnenstein in Pirna wohnen. Die
Felsenbühne Rathen sollte für die Zeit der Bauarbeiten schließen und als Materiallager dienen. Dem Vorsitzenden des Rates
des Bezirks ... „ist wöchentlich über den Stand zu berichten!"
und, nochmals: „Keine Öffentlichkeitsarbeit!"

Die bekannte Dresdner Malerin Irmgard Uhlig war damals
beim Landschaftsarchitekten Otto Schweitzer beschäftigt.
Sie erinnert sich heute: *„Ich hatte davon gehört, dass da ein
großes Hotel gebaut werden sollte. Das sollte was Einmaliges
in Europa werden, man sollte es schon von Tschechien aus sehen können. Dann kam der Auftrag an mich, ein Modell zu
bauen, aus Wellpappe. Ich war damals schon bekannt für meine Modelle, hatte schon einige Arbeiten angefertigt. Ich habe
also die Pappe ausgesägt, den Turm mit Stöcken stabilisiert
und das Modell bei mir oben auf dem Dachboden aufgebaut.
In der Wohnung war ja nicht genügend Platz. Dann waren die
Herren vom Rat des Bezirkes da, sind alle auf meinen Dachboden geklettert und haben das Modell angeschaut und aus-
probiert."*

Dietrich Graf und seine Mitstreiter hatten inzwischen nichts unversucht gelassen, um das Hochhaus zu verhindern. Hatten argumentiert mit der Schönheit der Gegend, mit der Ästhetik des Sandsteins – und stießen auf taube Ohren. *„Man musste ja vorsichtig sein. So einfach dagegen zu argumentieren ging nicht. Meine Frau hatte oft Angst, weil ich den Mund nicht halten konnte. Was ich für Eingaben geschrieben habe! Aber ich hatte immer auch gute Mitstreiter. Ich hatte einen Vorteil: Ich war der einzige parteilose Oberförster. Das war ein gutes Aushängeschild, gerade weil die Bastei zu meinem Revier gehörte. Ich habe immer nur die Gesetze gelesen und mich danach verhalten. Da konnten die nichts machen. Wenn man mutig war, konnte man viel erreichen, aber man durfte sich nichts zu schulden kommen lassen. Und das Hochhaus musste auf diese Weise irgendwie zu verhindern sein!"*

Doch das Hochhaus war ein Prestigeobjekt. Es sah nicht gut aus für seine Gegner. Dietrich Graf notiert am 22.9.1969 in seinem Tagebuch: *„Familienausflug zum Mittagessen auf die Bastei. Abschied von der Gaststätte."* Doch dann kam ihm der Zufall zu Hilfe. Eine neue Norm für Hochhäuser aus der

Vor allem Dietrich Graf ist zu verdanken, dass das Hochhaus verhindert wurde

Sowjetunion, in der es um Sicherheitsstandards ging, war im ganzen Ostblock übernommen worden. Graf bekam Wind davon. Der Aspekt der Sicherheit eines solchen Hochhauses schien der einzige Angriffspunkt zu sein. Ein gewichtiges Argument musste her, eines, das nicht von der Hand zu weisen war. Graf kam eine abenteuerliche Idee.

Die alte Stadtkirche im benachbarten Hohnstein hatte einen Riss im Innern. Er stammte von einem kleinen Erdbeben aus dem Jahr 1963, und man hatte später sogar Messmarken in der Kirche angebracht, um etwaige Schäden durch weitere Beben rechtzeitig zu bemerken. Denn unter diesem Teil des Elbsandsteingebirges verläuft die Lausitzer Überschiebung – eine geologische Störung, die durchaus Erdbeben verursachen kann. Dietrich Graf: *„Das sind kleinste Beben, aber... (lacht) der Zweck heiligt das Mittel."*

Auch die Bergmalerin Irmgard Uhlig erinnert sich an Erdbeben im Elbsandsteingebirge: *„Da haben die Felsen so gewackelt, dass wir Bergsteiger das beim Klettern gemerkt haben."*

Das Hasardspiel war erfolgreich. Eine Anmerkung der Statiker, ein Gerücht in der Bevölkerung, das Hotel stehe in einem Erdbebengebiet (damals hatte jeder noch die schrecklichen Bilder von den Beben in Indonesien und Iran vom August 1968 vor Augen, bei denen fast 80 000 Menschen gestorben waren) – und vermutlich am Ende auch die ungeheure Investitionssumme ließen das Projekt Basteihochhaus scheitern.

Doch ein Neubau auf der Bastei war damit natürlich nicht vom Tisch. Schon einen Monat nach dem Scheitern der Hochhauspläne tagt der Rat des Bezirks wieder zum Thema Bastei.
Im Ratsprotokoll ist vermerkt: *„Kollege Dr. Pampel (Stellv. Bezirksarchitekt, d.A.) erläutert am Modell die verschiedenen Varianten der Investbaumaßnahme „Hotel Bastei"..."*[2] Am 4. September 1969 beschließt der Rat des Bezirks: Die Jugoslawen sollen 1100 Gaststättenplätze sowie 165 Hotelbetten bauen,

dazu 90 Wohnungen, 32 Krippenplätze und 64 Kindergarten-plätze, finanziert aus dem Wohnungsbau-Plan 1971. Und: Dieser Beschluss ist nicht zu veröffentlichen!

Die Auslastung wird durchgerechnet. Der damalige Direktor der HO-Gaststätte „Sächsische Schweiz", Gottfried Hofmann, führt an: 86% Auslastung übers Jahr verteilt, 35% Gäste aus dem nichtsozialistischen Ausland. 22 DDR-Mark kostet die Nacht im Sommer, 20 im Winter. Ausländer allerdings berappen 100% mehr.

Wie das Ganze aussehen soll, wird in drei Varianten beschrieben:
1. Alles übereinander bauen, mit schrägem Dach, Aussichtsturm, Dachterrasse und immer noch dem Schwimmbad auf dem Dach,
2. Trennung von Gaststätte und Hotel in acht Einzelbauten oder
3. Eine Hängekonstruktion hinab an der Felsenkante ins Elbtal.

Zur Nummer drei hieß es : „Eine interessante, neuartige und einmalige Lösung", ihr sei der Vorzug zu geben.

Statt nach oben also nun nach unten bauen? Es waren die jungen Dresdner Architekten Just und Witter, die dieses „Wabenhotel" entworfen hatten – ein kühnes, innovatives Projekt.

Horst Witter erinnert sich heute noch gut daran: „Die Kapazität des Hotels mit über 400 Betten war unumstößlich. Und wenn man nicht in die Höhe baut, dann gibt es nur eins: nach unten. Wir hatten aus dieser Not versucht, eine Tugend zu machen und haben die Hotelzimmer den Berg hinab gehangen, wie einzelne Bienenwaben."

Viel Zeit hatte Horst Witter damals allerdings nicht. In nur einer Nacht bauten er und sein Kollege Just ein Pappmodell. Das Projekt reizte – sie wollten den Auftrag bekommen.

Wabenhotel, Entwürfe von Horst Witter

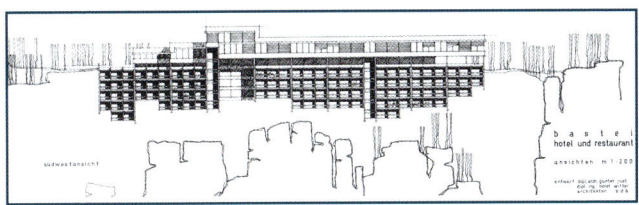

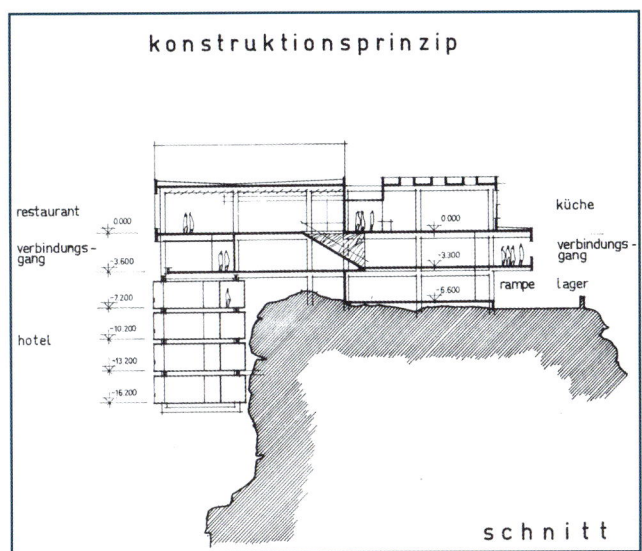

Sie planten Klubraum, Restaurant, Hotellobby, Zimmer und Appartements hängend an der Felskante der Bastei. Die Aussicht aus den Zimmern wäre atemberaubend gewesen. Um das Baumaterial auf den Felsen zu bekommen, sollte sogar eine Seilbahn eingerichtet werden, vom Bahnhof Rathen aus quer über die Elbe hinweg nach oben auf den Basteifelsen.

Mit ihr sollten die Stahlträger, aber auch die einzelnen Module, die „Waben", transportiert werden.

Wieder schreckt Dietrich Graf auf, der gerade durchgeatmet hatte, nachdem das Hochhaus vom Tisch war. Das Wabenhotel wurde als angeblich jugoslawische Idee propagiert. Dietrich Graf schreibt am 21.8.1970 in sein Tagebuch: *„Jugoslawisches Großprojekt für die Bastei eingesehen."* Heute erinnert er sich:

„Ein wabenartig abgehängtes Hotel war im Gespräch. Ich bekam den Auftrag, die Bäume an der Kante der Bastei zu fällen, damit eine Profilmessung stattfinden konnte. Da hab ich mich stur gestellt, habe nur schmale Sichtschneisen fällen lassen, einen Kahlschlag habe ich abgelehnt aus Sicherheitsgründen wegen der zu befürchtenden Bodenerosion. Und: Für mich war's die Heimat, und die konnte ich nicht entblößen. Dann trafen wir uns zu später Abendstunde in der Bastei-Gaststätte zur ersten Begutachtung. Doch da schon hieß es: Ob die Standsicherheit gewährleistet ist, das müssen die Geologen entscheiden. Und das war unser Aufhänger. Das Gebäude reichte weit ins Elbtal hinunter, das haben wir beanstandet. Wir haben immer betont: Wir brauchen einen Neubau, aber einen, der sich der Landschaft anpasst und der die Waagerechte betont, wie die Schichten des Sandsteins. Da haben wir Geologen gewonnen, deren Gutachten hat besagt, die Sicherheit kann man nicht gewährleisten."

Hätte der poröse Sandstein die kühne Wabenkonstruktion von Horst Witter gehalten? Für den kreativen Dresdner Architekten wird die Bastei vom Traum- zum Alptraumprojekt.

Erst wird er hochgelobt für seinen Entwurf, statt noch oben nach unten zu bauen. Und dann das: Witter bekommt zwar einen Auftrag für die Bastei, aber nicht etwa für sein Wabenhotel, sondern für – den Neubau einer Küche! An das baufällige alte Restaurant soll er lediglich eine Küche setzen. Erst weigert er sich, übernimmt den Auftrag aber doch und lässt durch ein Gutachten den Zustand des Restaurants überprüfen. Ergebnis: der Schwamm ist im Gebäude. Das ist schließlich das Aus für das alte Gemäuer. 1975 wird es abgerissen, Witter darf endlich wenigstens einen Teil seiner Pläne umsetzen: Er baut das neue Basteirestaurant. *„Ich habe gar keine Außenansichten gezeichnet, damit mir keiner reinreden kann"*, sagt er heute, und es wurmt ihn immer noch. Dann waren endlich die Fenster da, aber keine Scheiben! *„Ich wollte Panoramascheiben haben, damit man die herrliche Aussicht genießen kann, aber sowas gab's nicht in der sozialistischen Planwirtschaft. Schließlich hat mir eine PGH aus Lohmen geholfen. Ich habe um jedes Furnier gekämpft, um die Stühle, ja um die Farbe der Servietten und die Dienstkleidung der Kellner – es sollte alles aus einem Guss sein."* Passende Tischwäsche in den Hausfarben braun und grün? Fehlanzeige. Witter kauft weiße

Das Berghotel, wie es dann gebaut wurde

Tischwäsche in Dresden und kümmert sich persönlich da-
rum, dass sie in der Lausitz passend gefärbt wird ...

1979 ist das Restaurant endlich fertig, auch mit dem Segen
der Naturschützer, und wird zum 30. Jahrestag der DDR ein-

Basteisicht von der Laase

geweiht. Es passt sich gut in die Landschaft ein und ist nach dem Maßstab der siebziger Jahre sehr modern und elegant. Und wie zu erwarten, bestens ausgelastet: Hundert Mitarbeiter reichen in der Hochsaison täglich 6000 bis 7000 Essen aus der Küche, 7000 Liter Limonade und 4000 Liter Bier fließen aus dem Zapfhahn.

Doch vom Hotel ist noch immer nichts zu sehen. In einer Zeitungsnotiz von 1987 heißt es: „Das Vier-Sterne-Hotel errichtet gegenwärtig unter zum Teil recht außergewöhnlichen Bedingungen auf dem Felsen die Bau-PGH Lohmen." Da wurde schon mit mehr oder weniger langen Unterbrechungen seit acht Jahren gebaut. Denn die außergewöhnlichen Bedingungen lagen nicht allein am felsigen Untergrund.

Dietrich Graf: „1979 zum 7. Oktober ist das Restaurant eröffnet worden, und da endlich bekam Witter den Auftrag, auch ein neues Hotel zu bauen. Das war Manfred Scheler zu verdanken. Manfred Scheler war Vorsitzender des Rates des Bezirks Dresden und zuvor 1. Sekretär der SED in Sebnitz, und er hatte eine Vorliebe für die Sächsische Schweiz. Er hatte 1980 das neue Hotel schließlich durchgesetzt. Aber dann fiel er in Ungnade, weil er die Baupolitik der DDR kritisierte, den Verfall der Städte im Bezirk Dresden und die ungerechte Verteilung der Baumaterialien. Umgehend wurde er als Vorsitzender des Rates abgesetzt. Und am selben Tag mussten auch die Bauarbeiten an seinem Lieblingsprojekt, dem Basteihotel, eingestellt werden. Für reichlich vier Jahre blieb das Hotel eine Investruine. Als dann endlich 1988 weitergebaut wurde, musste vieles ersetzt werden, weil zum Beispiel die Träger längst verrostet waren. Eröffnung war am 16. Januar 1991, noch als HO-Betrieb."

Einen späten Triumph hat Horst Witter dann doch noch: Kurz nach der Eröffnung belauscht er auf der Bastei das Gespräch zweier Besucher: „Guck mal, das ist doch toll geworden! Haben die Jugoslawen gebaut. Unsre kriegen sowas ja nicht hin!"

Horst Witter spricht nicht viel über diese Zeit. Dieses Hotel hat ihn so viel Kraft und Nerven gekostet, und kaum war es eröffnet, kam mit der Wende der Besitzerwechsel und ein erneuter Umbau – ohne dass er gefragt wurde. Horst Witter, der Architekt des Dresdner Schlosses, der Fernsehturm-Kugel in Berlin, des Hauses des Buches in Dresden, betritt das Basteihotel heute nur ungern.

Horst Witter und Dietrich Graf beim Wiedersehen auf der Bastei 2007

Und Dietrich Graf, der über 30 Jahre Naturschutzbeauftragter des Kreises Sebnitz war, der als einer der ersten Ostdeutschen mit dem Bundesverdienstkreuz geehrt wurde, sagte schon 1986 in weiser Voraussicht: *„Für den Fortbestand des Naturschutzgebietes Bastei wird es entscheidend sein, wie wirkungsvoll künftig der touristischen Beanspruchung dieser einmaligen Landschaft begegnet werden kann."*

[1] Karl Immermann, Reisebeschreibung, Athenäum-Verlag o.J., 4. Bd.
[2] Sächs. Hauptstaatsarchiv

ZUM BALKON DER SÄCHSISCHEN SCHWEIZ

Anreise: Mit der S-Bahn ab Dresden-Hauptbahnhof in Richtung Schöna bis zum Haltepunkt Stadt Wehlen (Abfahrt im Halbstunden-Takt). Weiter geht es mit der Personenfähre, die nach Bedarf täglich von 4.40 Uhr bis 23.50 Uhr die Elbe überquert. Mit dem PKW über die Autobahn A17 Richtung Prag. Die Abfahrt Pirna nehmen und die B 172a an der Abfahrt Graupa/Radeberg wieder verlassen. Sich dann an der Hotelroute A orientieren.

mittelschwer

etwa 7 km

Einkehr: in Wehlen, Steinerner Tisch, Bastei, Burg Altrathen, Rathen

Die Bastei ist das meistbesuchte Ausflugsziel in der Sächsischen Schweiz. Hier kommen jeden Tag Tausende Touristen her, weil es leicht zu erreichen ist, weil man weder geeignetes Schuhwerk noch konditionelle Reserven haben muss, und weil es von dort oben zweifellos einen herrlichen Blick in die wilde Felsenwelt einerseits und das wunderschöne Elbtal andererseits zu bewundern gibt. Die Bastei ohne Menschenmassen – das gibt es nur an manch verregnetem Montagmorgen im November. Wer ansonsten einen Blick auf die Bastei werfen will, dem sei empfohlen, genau gegenüber, auf der linken Elbseite, die kleine Ortschaft Laasen aufzusuchen. Eigentlich gibt es hier nur zwei Gasthäuser und einen Aussichtspunkt, die Laasenbank, aber die hat es in sich: Von hier aus hat man den mit Abstand besten Blick auf das Basteimassiv mit der steinernen Brücke und kann sich mit etwas Fantasie ausmalen, wie das Hochhaus gewirkt hätte oder wie eine Seilbahn an dieser Stelle aussehen würde.

Doch wer das heiß umstrittene Gebiet erwandern will, dem sei die folgende Rundtour empfohlen: Ausgangsort ist Stadt Wehlen. Man parkt entweder auf dem Parkplatz an der Elbe oder reist mit der S-Bahn an und setzt mit der Fähre über. Sehenswert ist der kleine Marktplatz, der auch wie viele andere Orte an der Elbe an etlichen Häusern Hochwassermarken trägt. Wir halten uns rechts und laufen ein Stück Richtung Rathen am Radweg entlang, bis bei den letzten Häusern (Nr. 33) links der Malerweg abzweigt und steil in den Schwarzberggrund hinauf führt. An einer Steinmauer zweigt der Pfad nach rechts ab, führt teils über uralte Steinstufen weiter hinauf bis zur Schwarzbergaussicht, die einen wunderschönen Blick auf den Fluss, den kleinen Ort und die gegenüberliegenden Bärensteine und den Rauenstein bietet. Wir folgen dem Malerweg, der stetig ansteigt, halten uns an Gabelungen immer links und gelangen zum Steinernen Tisch, der tatsächlich einer ist. Im 18. Jahrhundert dienten dieser Tisch und dazugehörige steinerne Bänke den großen Jagdgesellschaften als Rastplatz.

Jetzt geht der Weg unter dem Namen „Fremdenweg" (grüner Strich) bequem weiter Richtung Bastei. Man spürt die nahende Attraktion durch eine immer höhere Dichte an Menschen. Dennoch: Den Abstecher zur Basteiaussicht sollte man machen. Der Blick ist einer derjenigen, für die das Elbsandsteingebirge in aller Welt berühmt ist. Wo jetzt Gasthaus und Hotel stehen, sollte einst das Hochhaus gebaut werden. Die jetzigen Gebäude hat der Dresdner Architekt Horst Witter projektiert, der einst auch die Idee für das Wabenhotel hatte. Über einige Stufen erreicht man links den Ferdinandstein, der nach Kaiser Ferdinand von Österreich benannt wurde: Auch er war schon mal hier auf der Bastei. Vom Ferdinandstein schaut man in die zerklüftete Felsenwelt des Wehlgrundes hinab. Hier kann man auch oft Kletterer beobachten. Schließlich geht es auf die berühmte Steinbrücke; rechter Hand befinden sich zwei Gedenktafeln für die ersten Erschließer der Sächsischen Schweiz, Wilhelm Lebrecht Götzinger und Carl Heinrich Nicolai. Rechts und links der Brücke bieten sich unvergessliche Blicke zur Elbe und in die Felsenwelt. Am Ende kommt man durch das Neurathener Felsentor, den oberen Zugang zur Felsenburg Neurathen. An einem Felsen liest man noch den Stoßseufzer eines der Belagerten: 1706 WAR DER SWETE IN LANTE ES KUSTETE VIL GELT. Nach dem Rundgang durch die Felsenburg kann man noch einen kleinen Abstecher nach rechts auf die Aussicht „Kanapee" machen, von wo aus man die Steilwände der Bastei, nun schon hoch über uns, gut sehen kann. Hier hätte das Wabenhotel gehangen. Weiter unten reizt noch die Aussicht am Tiedgestein. Immer weiter hinabsteigend gelangt man letztlich an den unscheinbaren Abzweig zur Burg Altrathen (Restaurant), den man durchaus nehmen sollte. Im dortigen Gasthaus kann man noch einmal unter herrlichen alten Bäumen übers Elbtal blicken. Von dort führt ein steiler Pfand hinunter nach Rathen. Wir gehen Richtung Elbe, wenden uns aber vor dem Zugang zur Fähre nach rechts und wandern auf dem Elberadweg immer parallel zum Fluss Richtung Wehlen zurück. Rechts die Felswände heißen „Weiße Brüche"; sie waren bis 1910 tatsächlich zur Sandsteingewinnung genutzt worden, dann kaufte der Verein zum Schutz der Sächsischen Schweiz das Gelände auf und verbot die Steinbrucharbeiten. Wer den Rückweg an der Elbe entlang nicht zu Fuß machen möchte, kann in Rathen auch den Dampfer nehmen und die eine Station mit diesem ganz besonderen historischen Verkehrsmittel zurücklegen.

Die Basteibrücke

6 Von Jungfrauen und anderen Monumenten
Jesus, Saxonia und die Köpfe der deutschen Kanzler

„Christus darf nicht auf den Lilienstein!" stand im November 2007 in der Zeitung. Nun – Christus ist sogar übers Wasser gelaufen, wer sollte ihn davon abhalten, den Lilienstein zu betreten? Ganz so zum Schmunzeln war den Zeitungslesern allerdings dann doch nicht zumute, als klar wurde, dass hier eine handfeste Geschäftsidee vorlag.

Die weltberühmte Jesusfigur von Rio de Janeiro sollte Vorbild sein. Doch der Berg Corcovado, auf dem die Figur steht, ist über 700 Meter hoch. Und der Jesus darauf nur 38 Meter. Der Jesus vom Lilienstein dagegen hätte auf dem 415 Meter hohen Fels 55 Meter hoch in den Himmel geragt und wäre bis Dresden deutlich sichtbar gewesen. Im Sockel soll ein Gebets- und Versammlungs-raum für Pilger eingerichtet werden. *„Das Vorhaben ist ein Segen für die Sächsische Schweiz"*, erklärte der aus Hamburg stammen-de Dresdner Immobilienmakler Harry Vossberg in den Medien. Die Idee sei zwar ein bißchen ungewöhnlich, aber ökologisch in Ordnung. *„Wir wollen ja nichts Böses"*, beschwört Vossberg.

Eigentlich sollte die Statue auf den Berg Predigtstuhl im bay-erischen Bad Reichenhall aufgestellt werden. Dann waren bundesweit sogar vier Standorte im Gespräch. Doch auf so einem Solitär wie dem Lilienstein würde sich der Jesus ganz besonders gut machen. Für zwei Millionen Euro Investiti-onssumme gäbe es eine neue Attraktion in der Sächsischen Schweiz, die alle Diskussionen über Seilbahnen und Hoch-häuser in den Schatten stellen würde. Kaum war ein Foto in den Zeitungen, ging das Für und Wider auch schon los.

Vorbild: Die Jesusfigur von Rio de Janeiro ist 38 Meter hoch

Fotomontage „Jesus auf dem Lilienstein"

Der Bergwirt des Liliensteinhotels meinte, „die Leute kommen wegen so einem Mist", und das sei dann letztlich gut fürs Geschäft. Der Bürgermeister von Königstein, Frieder Haase, für den der Lilienstein gewissermaßen der Hausberg ist, fand die Idee „Unsinn". Niemand brauche so etwas. Der Chef des Nationalparks Sächsische Schweiz, Jürgen Stein, glaubte erst an einen verspäteten Aprilscherz. Die Bergsteigerlegende Bernd Arnold drohte, den Jesus abzusägen, wenn er denn gebaut werden würde. *„Wer halbwegs Einfühlungsvermögen hat, der sieht, die Figur passt nicht hierher, und wenn es zehnmal Jesus ist"*, schreibt Arnold .[1]

Dennoch: Investor Vossberg wollte zwar seine Idee nicht auf Biegen und Brechen durchbringen und gegen den Willen der Einwohner bauen. Aber er versprach, innerhalb eines Jahres eine genehmigungsfähige Planung und Finanzierung vorzulegen. Doch er hätte als erstes beim Nationalparkamt wegen der Genehmigung anfragen müssen. Und da hätte er gleich auf Granit – oder besser Sandstein – gebissen. Der ist auch ganz schön hart. Von hier war kein Wohlwollen zu erwarten. Vossberg legte nie einen Antrag vor.

Jetzt soll Jesus nun doch wieder nach Bad Reichenhall auf den Predigtstuhl kommen. Das sorgt selbst im katholischen Bayern für Ärger.

Die Sächsische Schweiz und ihre Monumentaldenkmäler – Jesus auf dem Lilienstein war gar keine so neue Idee!

Ein paar Jahre zuvor, sechs Jahre nach der politischen Wende: Die blühenden Landschaften ließen zwar noch etwas auf sich warten, aber dennoch, die Mehrzahl der DDR-Bürger freute sich über die neuen politischen Verhältnisse. Und um diese Freude auch ganz deutlich immer wieder in Erinnerung zu bringen, hatte ein Unternehmer aus Gießen eine geniale Idee: Bei Schmilka, kurz vor der tschechischen Grenze, gab es gewaltig hohe Sandsteinwände, ehemalige Steinbrüche. Dort, an den bis zu hundert Meter hohen Wänden, sollten die Köpfe der Bundeskanzler Adenauer, Brandt und Kohl sowie von Außenminister Genscher, vom sowjetischen Präsidenten Gorbatschow und US-Präsident Ronald Reagan eingemeißelt werden, vierzig Meter hoch. Ein „Fels der Einheit" als Fels in der Brandung sozusagen.

Schon im November 1992 bekam der damalige Bürgermeister von Reinhardtsdorf-Schöna, Arno Suddars, erstmals seltsame Post. Seine Gemeinde sei auserwählt worden, dieses Denkmal der Einheit zu beherbergen, schrieb der Chef der Erschließungs- und Baugesellschaft Reinhard Schneider GmbH & Co. KG Erbau. Nun waren die Teichsteinbrüche, so der Name der Felswand, bis in die fünfziger Jahre zur Gewinnung von Sandstein genutzt worden. Mit dem Schutzstatus der Gegend als Landschaftsschutzgebiet kehrte auch endlich Ruhe in die Felswände ein. Die Natur sollte in dieser Region künftig verschont werden von solch prägenden Eingriffen. Gerade hier, direkt am Elbufer, waren die Steinbrüche auch für den Tourismus optisch störend. So ließ man sie vierzig Jahre in Ruhe, bis eines schönes Tages, Mitte März 1995, ein Hubschrauber durchs Elbtal knatterte. Das war damals schon eigentlich nicht erlaubt, weil es Nationalpark-Gebiet war.

An Bord des Helikopters eine hochkarätige Besatzung: Bauunternehmer Schneider, Bürgermeister Suddars, der Ex-Präsident der Europäischen Union Egon Klepsch (der unweit des tschechischen Děčin geboren wurde, also aus der Gegend stammt) und ein Sprecher der Bundesregierung, Norbert Schäfer.

Sie flogen entlang der einige Hundert Meter langen Felswand, die ab jetzt „Denkmal der Einheit" genannt wurde. Danach sagte Schneider den wartenden Journalisten: *„Ich denke, dass die Sächsische Schweiz prädestiniert ist für den Tourismus. Die Region kann eine solche Attraktion gebrauchen."*[2]

Vorbild: Mount Rushmore in South Dakota, USA

Fotomontage der Kanzlerköpfe

Ein Kuratorium sollte beraten, wer letztendlich da versteinert aus der Felswand blicken sollte. Vorbild war der Mount Rushmore in den USA, wo die Köpfe der Präsidenten Washington, Jefferson, Roosevelt und Lincoln über 18 Meter hoch in den Fels gemeißelt sind. Die allerdings sind aus Granit und nicht aus bröckeligem Sandstein.

Zehntausende Touristen pilgern jährlich an diese Gedenkstätte in South Dakota. Das sollte doch im Elbtal auch möglich sein!

Ganz billig war die Idee nicht. Nach Möglichkeit sollten die fünf bis zehn Millionen Mark pro „Nase" aus Spendengeldern zusammenkommen.

Sehen könnte man das Denkmal nur vom Dampfer aus oder von der kleinen Straße, die Hřensko mit Dečin verbindet. Diese bietet aber kaum Parkmöglichkeiten und schlängelt sich zwischen Elbe und Felswänden hart am Ufer dahin. Am dort gelegenen Grenzübergang wurden im Dezember 1994 auch ohne Kanzlerköpfe 193 000 Aus- und Einreisen gezählt – eine gewaltige Blechlawine für die kleinen Ortschaften und die eine schmale Straße. Kein guter Platz für Zehntausende zusätzliche Schaulustige …

Schneider betont, ohne Akzeptanz in der Bevölkerung sei so etwas nicht umzusetzen. Also geht man daran, diese Akzeptanz zu schaffen. Er bemüht sogar den großen Philosophen Arthur Schopenhauer: Schon der habe festgestellt, jede große Idee werde zunächst belächelt, dann bekämpft und später als selbstverständlich betrachtet.

Doch kaum war eine Fotomontage in der Zeitung erschienen, klingeln bei den Redaktionen die Telefone heiß.

Von Millionenverschwendung, absolutem Irrsinn und Aprilscherz (es war ja fünf Tage vor dem 1. April) ist die Rede, von

Schandfleck, Schnapsidee, Kohlköpfen. Die Zeitungen drucken fast keine Befürworterstimmen aus der Bevölkerung ab – vielleicht gibt es wirklich keine.

„Das ist das Übelste, Dümmste und Dämlichste, was ich je in der Zeitung gelesen habe", wütet eine Leserin. Ob „wir Ostdeutschen wirklich einen so dämlichen Eindruck machen, dass man uns diese Geschmacklosigkeit zutraut?" Ein anderer Leser meinte, man müsse dann schon eher dreihunderttausend Köpfe in den Fels meißeln, „denn so viele waren es, die ihren Kopf im wahrsten Sinne des Wortes in Leipzig hingehalten und die Einheit erkämpft haben". „Wenn die Millionäre nicht wissen, was sie mit ihrem Geld anfangen sollen, dann sollte dieses doch wenigstens sinnvoll angelegt werden, z. B. zum Wiederaufbau der Frauenkirche, die Dampfschiffahrtsgesellschaft oder die Nationalparkverwaltung finanziell unterstützt werden", meinte ein anderer Leser. Mancher erinnerte an die Idee, Gipfelkreuze auf die Felsen zu stellen, die ein paar Jahre zuvor schon abgeschmettert wurde. Vorgeschlagen wurde auch, die Barbarine schwarz-rot-gold zu lackieren oder die Basteifelsen für Graffiti-Kunst freizugeben – ironisch natürlich.

Auch die Behörden wenden sich schnell von der Idee ab, auch wenn mögliche Einnahmen aus dem Tourismus winken.

Die Bürgermeisterin von Gohrisch moniert, „man müsse nicht jedes amerikanische Vorbild kopieren"; ihr Amtskollege aus Rathen findet, dass diese Idee jedem Schutzgedanken dieser Gegend widerspreche. Der BUND findet das Denkmal „absolut überflüssig". Selbst das Regierungspräsidium in Dresden gibt zu: „Wir haben uns an den Kopf gefasst!" Intern allerdings. Ein offizieller Antrag war noch nicht gestellt worden. Käme einer, müsste er bearbeitet werden, denn der Fels gehöre zum Landschaftsschutzgebiet. Also sei eine Ausnahmegenehmigung fällig. Und die sei nicht zu erwarten – der gesunde Menschenverstand verwahre sich dagegen, so eine Sprecherin der obersten Genehmigungsbehörde.[3]

Die Zeichnung der Saxonia von Johann Schilling

tin-Jubiläum 1889, eine verwegene Idee. Das Elbsandstein-gebirge vor den Toren Dresdens, an sich ja schon ein Kunst-werk der Natur, sollte noch eine Verschönerung bekommen, eine Krönung sozusagen. Diese Krönung war die allegorische Figur der Saxonia, der Schutzheiligen des sächsischen Kö-nigshauses. Sie sollte nicht irgendwo hin, sondern an eine Stelle, von wo aus sie weithin sichtbar sein würde. Und sie sollte groß sein. Sehr groß. Am besten so groß und hoch wie die bizarren Felsen selbst. Die Verkörperung sächsischer Tu-genden auf Sachsens schönstem Felsen.

Die Zeichnung der Saxonia, die im Museum von Mittwei-da im Nachlass Johann Schillings zu finden ist, zeigt eine siegessicher blickende Jungfrau mit Kranz und Schleier, thronend auf einer Felsgruppe, die die Schrammsteine sein könnten, links daneben der Falkenstein. Der Entwurf aus dem Skizzenalbum von Schilling ist weder signiert noch datiert, mit Bleistift auf Karton gezeichnet und 54 mal 42 Zentimeter groß.

War es ein Auftragswerk? Eine eigene Idee, beflügelt von der Schönheit der Landschaft, von prächtigen Festen am Königshof? Das lässt sich leider nicht mehr herausfinden. Bleibt die Vorstellung, dass dort heute eine steinerne Dame auf dem Felsen sitzen würde, ins Elbtal zu den Dampfern hin grüßend mit ihrem Lorbeerkranz. Und vielleicht hätten Kletterer die Saxonia erschlossen, als freistehenden Gipfel sozusagen, und den Wegen entlang der Dame Namen wie „Schleierweg", „Jungfernkranz", „Knieriss" oder gar „Busen-überhang" gegeben. Wer weiß, vielleicht wäre es heute eine Attraktion?

[1] Sächsische Zeitung 12.11.2007
[2] Sächsische Zeitung 27.03.1995
[3] Sächsische Zeitung 28.03.1995

ZUM ZIRKELSTEIN
UND DER KAISERKRONE

Anreise: Mit dem Auto über die A17 bis zur Abfahrt
Pirna – Richtung Pirna Zentrum, auf der B172
über Königstein und Bad Schandau über die
Grenze bis Hřensko. Dort mit der Fähre übersetzen. Mit der S-Bahn von Dresden Hauptbahnhof – Richtung Schöna bis Endstation.

mittelschwer

etwa 10 km

Einkehr: Naturfreundehaus, Gaststätten in Schöna

Diese Tour kann man mit einer S-Bahn-Fahrt, z. B. von Dresden aus verbinden. Die Zugfahrt bietet reizvolle Ausblicke,
da die Strecke (anders als die Autostraße) ab Pirna immer
an der Elbe entlang führt. Egal ob mit Bahn oder PKW:
Ausgangspunkt ist der letzte S-Bahnhof auf deutscher Seite,
Schöna. Kommt man mit dem Auto, fährt man rechtselbisch
über Bad Schandau bis Hřensko, parkt dort und setzt mit der
Personenfähre nach Schöna über.

Vom Bahnhof geht es zunächst elbaufwärts Richtung Tschechien auf dem gut ausgebauten Elberadweg. Nach gut 30
Minuten erreichen wir die tschechische Grenze und davor
die Unterführung, die uns ins Gelobtbachtal bringt. Das alte
Gebäude am Eingang war einst eine Brettschneidemühle.
Hinter der Mühle führt ein unmarkierter Pfad recht steil hinauf zu einer Sandsteinmauer, hinter der ein echtes Kleinod
schlummert: der ehemalige Mühlenteich vor einer gewaltig
hohen Felswand. Ein kleiner Wasserfall speist den Teich. Wir
gehen immer am Bach entlang durch eine wildromantische
Schlucht immer aufwärts. Übrigens auf alten Geheimpfa-
den: Diese Wege wurden schon im 17. Jahrhundert sowohl
von Schmugglern als auch von Getreidehändlern und böh-

mischen Protestanten besucht. Die einen hielten im Wald verbotenerweise Getreidemärkte ab, die anderen besuchten heimlich den Gottesdienst im evangelischen Reinhardtsdorf. An die Märkte erinnern versteckt im Wald stehende Marksteine. Immer am Bach entlang gehen wir stetig aufwärts, überqueren ihn schließlich und stoßen geradewegs auf einen breiten Wander- und Radweg, den Marktweg (gelber Strich). Hier gehen wir nach rechts und folgen dem geraden Weg bis an ein freies Feld. Der sich hier bietende Blick sollte genossen werden: direkt vor uns der Zirkelstein, dahinter die ähnlich markante Kaiserkrone. Rechts am anderen Elbufer ragt die Kette der Schrammsteine aus dem Wald – sie werden wir später noch eindrucksvoller betrachten können.

Am Ende des großen Feldes biegt der Weg nach links ab und führt vorbei am Naturfreundehaus (Einkehrmöglichkeit). Hier verlassen wir zunächst das gelbe Wanderzeichen, gehen aufs Gelände des Naturfreundehauses und suchen links den kleinen Pfad hinein in den Wald – dort beginnt der Aufstieg zum Zirkelstein, keine schwierige Sache und unbedingt zu empfehlen. Über Stufen und Eisenleitern geht es hinauf auf das kleine Plateau des 384 Meter hohen Sandsteinblocks, der seit 1842 auf diese Weise zugänglich ist. Früher gab es hier auch eine Gastwirtschaft, sie wurde jedoch 1920 vom Blitz getroffen und danach nie wieder aufgebaut. Hier oben nun bietet sich eine unvergleichliche Rundsicht: Richtung Westen der Lilienstein und die anderen Tafelberge wie Papst-, Pfaffenstein und Gohrisch, direkt vor uns die Kaiserkrone. Im Norden ragt jetzt eindrucksvoll die Schrammstein-Kette auf, auf deren linker Kante die gewaltige Figur der Saxonia hätte sitzen sollen. Die Sandsteinwände für die Kanzlerköpfe kann man nicht sehen – wir stehen sozusagen direkt darüber. Richtung Osten blickt man schon hinein ins Böhmische, dort liegt Hřensko. Nach einem ausgiebigen Rundblick steigen wir wieder hinab und suchen den ursprünglichen Wanderweg (gelber Strich). Er führt hinein ins Dorf Schöna. An einer Kreuzung in der Ortsmitte mit etlichen Wegweisern orientieren wir uns rechts Richtung Bahnhof Schöna und Kaiserkrone (roter Punkt). Nach wenigen Minuten zweigt links ein Weg zur Kaiserkrone ab. Wir wandern hier auf den Spuren Caspar David Friedrichs, und wer noch Elan hat, sollte den kleinen Berg bezwingen. Gleich am Anfang des Aufstiegs liegt ein Felsblock, den man mit etwas Fantasie einer bekannten Zeichnung des großen Romantikers zuordnen könnte. Von der Kaiserkrone bieten sich ebenso schöne Ausblicke wie vom Zirkelstein. Man beachte die steinernen Löwen, die unterhalb der südwestlichen Aussicht eine Treppe bewachen, man muss allerdings genau hinsehen. Auf demselben Weg gehen wir wieder hinunter zum Wanderweg mit dem roten Punkt. Am Ortsende gabelt sich der Weg. Wir halten uns links und folgen dem Aschersteig übers Feld und später durch den Wald hinab zur Elbe. Jetzt stehen wir unter den Felswänden, die für die Kanzlerköpfe ausersehen waren. Links geht es zum S-Bahnhof Schmilka-Hirschmühle, von dem aus man zurück nach Dresden fahren kann. Geht man nach rechts immer die Elbe aufwärts, kommt man wieder zurück zum Ausgangspunkt der Tour.

Der Zirkelstein von der Kaiserkrone aus

7 Blick zum Nachbarn
Große Pläne für ein kleines Dorf

Elisabeth Alexandre war eine wunderschöne junge Frau. Dunkle Locken, braune Augen, und aus allerbestem Hause – die musste er haben. Eine Frau, für die man(n) den Kopf verlor. Eine Frau, der man die Sterne vom Himmel holen oder ein Schloss bauen würde. Als Fürst Edmund Moritz von Clary-Aldringen, Fürst von Teplitz und Krupka, seine schöne Elisabeth dann tatsächlich bekam, ließ er den Plan mit den Sternen zwar fallen, aber den mit dem Schloss nicht!

Edmund Fürst von Clary-Aldringen und seine Frau Elisalex

Edmund von Clary-Aldringen muss ein leidenschaftlicher Mann gewesen sein. Vielleicht lag das an dem herrlichen Fleckchen Erde, das der Herrscher der kleinen Grafschaft Binsdorf sein Eigen nannte: Herrnskretschen, das Prebischtor, die Klamm des Flüsschens Kamnitz – eine der schönsten, spektakulärsten Gegenden der Böhmischen Schweiz. Und

Graf Edmund liebte diese Gegend genauso leidenschaftlich, wie er vieles andere liebte: Bälle, Reisen, Wandern, Archäologie, Geschichte – und seine wunderschöne Ehefrau, Elisabeth Alexandre, liebevoll Elisalex genannt. Der Graf, geboren 1813, hat alle seine Taten, Reisen und auch Gedanken in seinen umfangreichen Tagebüchern hinterlassen, und so haben wir die Gelegenheit, einen kleinen Einblick zu bekommen in das Leben eines der führenden Aristokraten Böhmens – und eines visionären Herrschers des Elbsandsteingebirges.

Als Fürst Edmund 1841 Elisalex heiratet, ist er 28 und sie gerade mal 16. Sie ist die einzige Tochter des französischen Generals und Diplomaten Graf von Ficquelmont. Edmund hatte eine kluge junge Frau bekommen, die durch ihre Familie in höchsten diplomatischen Kreisen verkehrte. Der Heldentod ihres Großvaters ging sogar in die Literaturgeschichte ein: Graf von Tiesenhausen war das Vorbild für die Figur des Andrej Bolkonski in Tolstois „Krieg und Frieden".

Das junge Paar lebt in Teplitz, wo Mitte des 19. Jahrhunderts das gesellschaftliche Leben blüht und die Kurbäder den Höhepunkt ihrer Beliebtheit erreicht hatten. Doch Teplitz ist zwei Stunden Kutschfahrt von der eigentlichen Herrschaft Binsdorf entfernt. Früher, hundert Jahre zuvor, besaßen die Clary-Aldringens dort ein eigenes Jagdschloss. Die Vorfahren hatten sogar eine wunderbare Allee von Binsdorf hin zur Ortschaft Elbleiten angelegt und gepflastert (Reste kann man heute noch sehen). Die Allee führte zum Aussichtspunkt „Belvedér" mit Terrasse und künstlicher Grotte. Mitte des 18. Jahrhunderts wurden hier prächtige Jagdgesellschaften gefeiert, mit Musik und dem schönsten Blick zum Schiffsverkehr auf der Elbe. Das ist zu Edmunds Zeiten alles längst vorbei. 1790 brannte das Schloss ab. Die Clary-Aldringens hatten eigentlich in ihrem schönen Besitz gar kein rechtes Domizil mehr. Da der Graf gern wandert und ein großer Naturliebhaber ist, kommt ihm auf einer dieser Touren eine Idee.

Sein Tagebuch von 1838 verzeichnet am 27. Mai: *„Über den Winterberg zum Prebischtor (neues Haus mit Schlafzimmer mit natürlichem Holz und Moos decorirt, recht gut ausgefallen ... Auch neue Terassmauer ... Mittag in Herrnskretschen. Nachmittag prächtiges Wetter. Ich suche den Platz auf gegenüber dem Herrnhaus, wo ich das Schloss bauen werde, sobald ich in der Lotterie gewinne. Schöne Stundt ...* "[1]

Ja, ein Schloss soll gebaut werden. Genügend Geld dafür hat er zwar nicht, aber die Familie sollte doch endlich eine Residenz bekommen, die ihrer gesellschaftlichen Stellung würdig war. Elisalexburg sollte das Schloss heißen. Vielleicht wollte Fürst Edmund seiner jungen, schönen Frau ein bisschen den Glanz der großen weiten Welt ins stille Elbtal bringen, ihr seine Zuneigung beweisen – wer weiß. An der schönsten Stelle, die sein kleines Reich zu bieten hatte, sollte ihr Schloss stehen: auf dem Felsen direkt über der Stelle, wo die Kamnitz in die Elbe fließt, im Zentrum von Herrnskretschen. Doch die Pläne geraten zunächst ins Stocken. Warum? Geht das Geld für die zahlreichen Reisen des fürstlichen Paares drauf? Das Tagebuch erzählt immer wieder von ausgedehnten Reisen nach Paris, Venedig, Wien ..., von Faschingsbällen, Champagner-Empfängen. Zwei Kinder werden geboren, Edmeé und Carlos.

Am 3. Februar 1853 schreibt Edmund: *„40. Geburtstag!"* und listet auf, was er von wem geschenkt bekommen hat. Für einen Mann mit 40 wird es nun aber höchste Zeit, seinen Lebenstraum anzugehen – die Elisalexburg.

Im Tagebuch von 1853 steht am 6. Januar: *„Architekt Stache bringt mir seine Zeichnung für das Herrnskretschner Schlößchen in Englisch."*[1] Man stelle sich vor, Fürst Edmund sitzt im Salon, gemeldet wird die Ankunft des Architekten. Edmund ist aufgeregt: Wird das Schloss seinen Wünschen entsprechen? Wird es auch Elisalex gefallen? Friedrich August Stache ist extra aus Wien hergekommen. Schließlich tritt er

Ansicht der Elisalex-Burg

Grundriss der Elisalex-Burg

ein, unterm Arm eine gewaltige braune Ledermappe, mit Goldschrift: *„Elis-Alex-Burg zu Herrnskretschen, entworfen von Stach&Ferstel"*.

Die Herren begrüßen sich, Neujahrswünsche werden ausgetauscht, ein Gläschen Cognac auf gute Zusammenarbeit, und dann schlägt der Architekt seine Mappe auf. Clary ist beeindruckt. Was er da zu sehen bekommt, ist wahrhaft fürstlich. Ein Schloss auf dem Felsen über dem Elbufer, mit Turm, Söllern, zwei Etagen hoch. Jedes Zimmer schon einzeln projektiert, sogar zugeordnet: Elisalex hat natürlich das schönste mit Blick auf die Elbe. Kinderzimmer, *Closett*, Billiardzimmer ... Bis ins Detail der Wandverzierung und Treppengestaltung hat der Architekt gezeichnet, Ansichten von allen Seiten, Grundrisse aller Stockwerke.

Was Elisalex dazu gesagt hat, ist nicht hinterlassen. Das Haus wäre einer Fürstin durchaus würdig gewesen. Doch entweder es hat ihr nicht gefallen oder Fürst Edmund selbst, es könnte auch zu teuer gewesen sein oder aber der ausge-

Entwurf für das Schloss an der Elbe

wählte Platz auf dem Felsen viel zu klein für so ein Gebäude – jedenfalls gibt Clary-Aldringen eine weitere Studie in Auftrag. Diesmal soll unten, direkt am Elbufer, südlich der Kamnitz-Mündung gebaut werden. Den Auftrag bekommt diesmal ein englischer Architekt, C. J. Richardson, und er zeichnet einen *Sketch of a design for His Highness the Prince of Clary*. Auch bei dieser Variante gibt es einen Hauptturm und zwei Wohnetagen.

Doch Elisalex sollte ihr Schloss nie bekommen. Das Geld wurde offenbar knapp; geringer werdende Einnahmen zwingen den Fürsten zur Sparsamkeit. Edmund und Elisalex bleiben in Teplitz wohnen. Erst viele Jahre später, die beiden waren längst tot, bauen die Nachkommen in Hohenleipa (Vysoká Lípa) ein modernes Jagdschloss, das heute noch steht und als Hotel betrieben wird.

Elisalex stirbt 1878 im Alter von nur 53 Jahren. Ihr Mann überlebt sie um 16 Jahre. Verewigt wurde die schöne Fürstin aber dennoch in Herrnskretschen: Bis heute heißt der Felsen über der Kamnitz-Mündung und dem jetzigen Rathaus „Elisalex"-Felsen. Oben ist ein wunderbarer Aussichtspunkt – man fühlt sich fast wie die Fürstin, wenn sie aus ihrem Fenster geschaut hätte.

Fürst Edmund von Clary-Aldringen hat noch mehr getan, um sich und die Seinen in der Böhmischen Schweiz unvergessen zu machen: 1890, vier Jahre vor seinem Tod, begannen die touristischen Kahnfahrten auf der Kamnitz. Der Fluss war nicht ungefährlich, von Alters her wurde die Wasserkraft zum Flößen von Holz hin zur Elbe verwendet. Doch erst 1877 trauten sich fünf beherzte Männer auf locker verbundenen Stämmen selbst die Schlucht hinab. Naturfreunde und der Gebirgsverein begannen dann, einen provisorischen Bretterweg anzulegen. Doch immer mehr Touristen kamen nun hierher, per Eisenbahn, zu Fuß, mit dem Dampfer. Die Schlucht, auch Stille Klamm genannt, wurde so beliebt, dass sich Graf Edmund entschloss, den Ausbau zu finanzieren. Ihm gehörte schließlich die Gegend. Er beauftragte eine Gruppe von zehn Italienern unter Führung des Baumeisters Anton Dagostini damit, einen Weg mit Tunneln und Stegen sowie ein Wehr zu bauen. 17 000 Gulden berappte der Fürst. Am 4. Mai 1890 fuhren die ersten Kähne für Ausflügler auf der Kamnitz. Ein Volltreffer: Schon in den ersten drei Jahren kamen 80 000 Besucher. Die Erschließung des oberen Teils, Wilde Klamm genannt, erlebte Clary nicht mehr, wohl aber die Namensgebung des unteren Teils: Edmundsklamm.

Noch vieles mehr erinnert heute an den Fürsten: Der Gabrielensteig zum Prebischtor wurde von Edmund nach seiner geliebten Großnichte benannt. Einen Gabrielenturm als Kletterfelsen gibt es ebenso wie einen Edmundstein und einen Graf-Aldringen-Stein. Der Fürst hat sich zwar im Gegensatz zu seinen Nachbarn nicht allzu verdient um die touristische Erschließung der Gegend gemacht – lieber war er offenbar selbst dort unterwegs – doch das Wenige, was er getan oder befördert hat, ist dafür umso spektakulärer: Clary-Aldringen war es, der die Edmundsklamm erschloss, der 1834 den Promenadenweg von Herrnskretschen zum Prebischtor anlegen und dort ein repräsentatives Hotel mit 50 Betten bauen ließ, das „Falkennest". Er war es, der 1892 in Rainwiese (Mezní Louka) ein prunkvolles Hotel erbauen ließ, vor allem für zahlungskräftige Besucher der neu eröffneten Klamm.

1892 ist sogar von einem hydraulischen Aufzug von der Edmundsklamm zur Stimmersdorfer Höhe die Rede.[3] Eine elektrische Schmalspurbahn sowie ein Fahrstuhl zum Prebischtor gehörten auch zu den Plänen der Familie Clary-Aldringen.[2]

Nur die Clary-Kapelle in Stimmersdorf (Mezna) hat nichts mit Edmund zu tun – die ließ ein Holzfabrikant gleichen Namens für sich selbst errichten.

So hinterließ Clary – auch ohne Schloss – bleibende Spuren in der Böhmischen Schweiz. Viel Geld verdiente Fürst Edmund damit vermutlich nicht, dafür hat er den Wert des Fremdenverkehrs für seine kleine Gemeinde Herrnskretschen zu spät erkannt.

Der Ort blühte zunehmend auf. In den zwanziger Jahren des 20. Jahrhunderts war schon in über der Hälfte aller Häuser von Herrnskretschen ein Geschäft, Gewerbe oder Handwerksbetrieb. Mehr als ein Viertel aller Einwohner war im Dienstleistungsgewerbe beschäftigt. Zwischen 1924 und 1928 kamen jährlich 115 000 Touristen in die Edmundsklamm.

Der Ort wuchs und blieb auch nach dem 2. Weltkrieg ein viel besuchtes Touristenzentrum. Eine steile Karriere für einen Ort, an dem im 15. Jahrhundert nur eine Kneipe stand, die an der Einmündung der Kamnitz in die Elbe den Flößern diente. So richtig touristisch wurde es erst nach 1838, als die ersten Dampfschiffe aus Dresden anlegten.

Ideen für kühne Bauprojekte gab es zum letzten Mal in den fünfziger Jahren. Wo und wann genau das abgebildete Ferienheim gebaut werden sollte, ist nicht mehr genau bekannt.

Dennoch: Die „Lomonossow-Universität" von Hřensko (in Anlehnung an das ähnliche Riesengebäude in Moskau) geistert immer wieder durch die Erzählungen der Zeitzeugen. Werner Hentschel, langjähriger Leiter der Verwaltung des Landschaftsschutzgebietes in Děčin, erinnert sich: „Das sollte so hoch werden, dass man aus den obersten Stockwerken das Prebischtor gesehen hätte." Der Bauplan lag der Naturschutzverwaltung damals schon zur Überprüfung vor und ist bis heute aufbewahrt worden. Der Monumentalbau zwischen den Felsen wurde abgelehnt und nie wieder neu geplant. Seit dem Jahr 2000 ist auch die Böhmische Schweiz ein Nationalpark. Bauprojekte dieser Größenordnung wären damit so gut wie ausgeschlossen.

Die „Lomonossow-Universität"

HLAVNÍ POHLED 1:400

Clarys Elisalexburg und die „Lomonossow-Universität" –
wäre beides gebaut worden, hätte der Gast im oberen Stock-
werk des Ferienheims dem Besucher der Burg auf dem Elisalexfelsen vermutlich die Hand reichen können.

So aber kommen sie doch noch zu Ehren – als Luftschlösser.

[1] Tagebücher des Edmund von Clary-Aldringen, Stadtarchiv Děčin
[2] Aus deutschen Bergen Band 5, 1892, Emil Neder
[3] Hřensko-Herrnskretschen, Hana Slavickova, Děčin 1992

ZUM AUSBLICK DER SCHÖNEN GRÄFIN ELISALEX

Anreise: Mit dem Auto über Pirna, Königstein, Bad
Schandau zum Grenzübergang Schmilka
weiter bis Hřensko. Mit der S-Bahn bis Bahnhof Schöna, dann mit der grenzüberschrei-
tenden Fähre nach Hřensko.

leicht

etwa 11 km

Einkehr: Hřensko, Janov, Mezna, an der Bootsstation

In Hřensko gibt es etliche Parkmöglichkeiten, man kann ebenso
mit der S-Bahn nach Schöna (Endstation) fahren und mit der
Fähre übersetzen. Direkt hinter dem Rathaus, das rechts der
Mündung des Baches in die Elbe steht, führt ein kleiner, steiler
Pfad links hinauf auf den Felsen (gelber Strich). Nach wenigen
Minuten erreichen wir den Aussichtspunkt auf dem Elisalexfelsen, wo nach den Wünschen von Edmund von Clary-Aldringen
die Elisalexburg gestanden hätte. Wir folgen dem Wanderweg
Richtung Janov (Jonsdorf) und erreichen kurz hinter einer historischen Windmühle die kleine Ortschaft mit Kirchlein und
Gastwirtschaft. Wir durchqueren den Ort weiter auf dem gelb
markierten Weg und gehen entlang der Waldgrenze bis zum Abzweig des grün markierten Weges. Hier geht es nach links Richtung Stimmersdorf zur Kamnitz hinab. Der Weg führt direkt
zum Fluss, wir überqueren ihn aber nicht, sondern gehen jetzt
links unter den Felswänden entlang auf dem romantischsten
Teil des Weges bis zur Bootsstation der Edmundsklamm (gelber Strich). Nach etwa einem Kilometer mit dem Kahn wandern wir auf der rechten Flussseite in den Ort zurück.

Wer die Bootsfahrt nicht machen möchte und lieber auf wenig begangenen Pfaden wandert, sollte dem Elisalexfelsen
nur einen kurzen Auf- und Abstieg widmen und unten an

der Straße noch etwa einen Kilometer weiter Richtung Děčín gehen oder fahren und dann links in den Weg zur Schlucht der Dürren Kamnitz einbiegen. Der Bach ist fast immer trocken, was jedoch einen Unternehmer nicht hinderte, um 1794 hier eine Mühle zu bauen. Da schon immer wenig Wasser in der Dürren Kamnitz war, ging die Mühle nicht so gut, und der Müller machte ein Gasthaus daraus, mit Kegelbahn und Tanzsaal. Das schließlich war bis Dresden hin berühmt: Ludwig Richter war oft hier, und der Maler August Leonhardi aus Loschwitz erkor es gar zu seinem Lieblingsort.

Nach rund zwei Kilometern führt in der Schlucht ein Weg steil nach rechts hinauf zum Ort Labská Stráň (Elbleiten) (roter Strich). Quer durch den Ort geht es immer dem Wanderzeichen nach. Bevor man rechts zum Belvedér kommt, sieht man an der Weggabelung linker Hand schnurgerade vor sich die Allee, die die Clary-Aldringens dazumal angelegt hatten, um von ihrem Schloss in Binsdorf (Bynovec) zum Belvedér zu kommen. Das Belvedér schließlich ist eine Terrasse über der Elbe, die ein Vorfahre von Fürst Edmund Anfang des 18. Jahrhunderts anlegen ließ. In der Felsengrotte, die man noch heute sehen kann, fanden damals Musikkonzerte statt. Man probiere das Echo aus! Eine Allee verbindet das Belvedér mit der einstigen Sommerresidenz der Clarys – Schloss Binsdorf. Als 1790 das Schloss abbrannte, verlor man auch das Interesse am Aussichtspunkt. Somit wurde der Platz für Touristen zugänglich. Inzwischen gibt es auch ein Gasthaus mit Hotelbetrieb. 130 Meter über der Elbe gelegen hat man einen wunderbaren Ausblick über das Elbtal.

Von hier kann man entweder dem steilen, unmarkierten (aber nicht zu verfehlenden) Weg hinab ins Elbtal folgen oder aber an der Weggabelung zur Allee rechts gehen und auf dem Mühlsteig hinab zur Elbe gelangen. Der Weg führt an einigen markanten Klettergipfeln vorbei und endet in der Nähe einer Bushaltestelle. Von dort sind es etwa vier Kilometer entlang der Straße und der Elbe zurück nach Hřensko.

Der Wanderweg an der Edmundsklamm

Auf dem Wasser duch die Edmundsklamm

Nachwort

Dass dieses Buch überhaupt geschrieben wurde, ist einer ganzen Menge von Leuten zu verdanken, und dem Umstand, dass kein Film daraus wurde.

Als ich im Jahr 2006 erstmals Dietrich Graf begegnete, wollte ich nur einen kurzen Fernsehbeitrag zum Thema 50 Jahre Landschaftsschutzgebiet Sächsische Schweiz drehen. Gemeinsam mit dem Kamerateam und Dietrich Graf wanderte ich durch den Wald zu einigen seiner Lieblingsplätze und fragte ihn aus. Schnell stellte ich fest: Dieser Mann hat viel mehr zu erzählen, als in einen Drei-Minuten-Beitrag passt. Und was er mir da erzählte! Von unglaublichen Bauprojekten, Seilbahnplänen und – vom Hochhaus auf der Bastei. Ich kenne die Sächsische Schweiz eigentlich ganz gut, aber das war doch eine Überraschung. Auf dem Balkon der Sächsischen Schweiz ein Hotelhochhaus? Außer dieser Erinnerung von Dietrich Graf gab es keine Beweise dafür. Doch meine journalistische Neugierde war erwacht. Die folgenden Monate stöberte ich in Archiven, Museen, Bibliotheken und den Gedächtnissen von Zeitzeugen. Lobte im Stillen die deutsche Gründlichkeit beim Protokollieren und Sammeln. Fand in so wichtigen Archiven wie dem Sächsischen Staatsarchiv selbst die Menge des getrunkenen Kaffees während einer Ausschusssitzung. Und ich fand die Protokolle zum Basteihochhaus, allerdings kein Bild; dafür alte und uralte Seilbahnpläne auf die unterschiedlichsten Gipfel des Elbsandsteingebirges. Ich fand Pläne für Flugplätze, Formel-1-Rennstrecken, Autobahnen, Brücken. Und endlich, als ich schon nicht mehr recht wusste, worauf ich mich da nebenbei zur eigentlichen beruflichen Tätigkeit gerade eingelassen hatte, entdeckte ich ein Zeitungsfoto – eher eine Montage: fast unkommentiert – das Hochhaus. Der wichtigste Beweis war da.

Dennoch: Aus all dem einen längeren Film zu machen, scheiterte zunächst an der Nachfrage. Aber immerhin drehte ich zwei kürzere Fernsehbeiträge über das Hochhausprojekt. Und führte dazu die einstigen Gegner nach 30 Jahren erstmals wieder zusammen: Dietrich Graf und Horst Witter. Und danach? Ich stand da mit mehreren Aktenordnern voller Luftschlösser. Wem auch immer ich davon erzählte – alle staunten. Sollten nun all diese Geschichten voller Dramatik, Komik, Spannung in meiner Schublade verschwinden?

Es war eigentlich schade drum, deshalb nun also dieses Buch. Und mein herzlichster Dank an all jene, die mit mir gesucht, sich mit mir über jeden Fund gefreut haben, an all jene, die mir Tipps gaben und die sachliche Richtigkeit geprüft haben.

Dietrich Graf, Rathewalde
Horst Witter, Dresden
Hans-Jürgen Wolf, Museum Stolpen
Angela Geyer, Stadtarchiv Pirna
René Misterek, Stadtmuseum Pirna
Sächsisches Staatsarchiv Dresden
Andrea Bettina Graf, Ostrau
Stadtmuseum Bad Schandau
Irmgard Uhlig, Dresden
Susann Gramm, Chemnitz
Schilling-Museum Mittweida
Manfred Schober, Sebnitz
Eberhard Lösch, SBB, Dresden
Dr. Anne Wächter, Langebrück
Dr. Jürgen Stein und das ganze Team des Nationalparkamtes Bad Schandau
Antonin Votapek, Werner Hentschel und Karel Stein, Verwaltung des LSG Elbsandsteingebirge (Labské pískovce), Děčín
Bürgermeister Frieder Haase, Königstein

Und ein großer Dank an meine Familie für ihre Geduld und Unterstützung.

Bildnachweis

56   aus Rolf Reichel, „625 Jahre Stadt Königstein", 2004

57   Katrin Koritz

60   aus „Der Großdeutschland-Ring"

61   aus „Der Großdeutschland-Ring"

62   Katrin Koritz

64   Katrin Koritz

65   Irmgard Uhlig

66   Katrin Koritz

69   oben: reflexer, flickr.de

69   unten: Rainer Oettel

71   Sammlung Dietrich Graf

72   Fotomontage SZ, 11.6.69, Stadtarchiv Pirna

76   Katrin Koritz

78   Katrin Koritz

81   Horst Witter

83   Berghotel Bastei

84   Katrin Koritz

86   Dirk Zschiedrich

89   SZ-Archiv

91   oben: dpa

91   unten: Klaus Willem Sitzmann/Montage Simone Weissling

94   oben: dpa

94   unten: aus Rolf Reichel, „625 Jahre Stadt Königstein", 2004

98   Katrin Koritz

99   Museum „Alte Pfarrhäuser" (Schilling-Museum), Mittweida

103   olaf/wikipedia.de

104   aus Hana Slavíčková „Hřensko - Herrnskretschen", 1992

107   Stadtarchiv Děčín

108   Stadtarchiv Děčín

112   CHKO Labské piskovce, Děčín

115   oben: Jürgen Lösel

115   unten: Alexander Marg

Außerdem im Verlag erschienen

**Wandertipps
entlang der Elbe**

128 Seiten, kartoniert,
Format 12 x 20 cm
ISBN: 978-3-938325-49-0
9,90 Euro

Wandern entspannt. Und diese Wohltat für Körper, Geist und Seele
können Sie verlängern. Warum nicht in aller Ruhe mit einem Rad-
dampfer zu dem Startplatz für die geplante Wandertour schippern?
Oder warum nicht nach dem Erlebnis in freier Natur noch einmal
vom Schiff aus die Landschaft bei einem Schoppen Wein oder einem
kühlen Bier nachwirken lassen?
Die Elbe schlängelt sich silbern und schmal durch die Sandstein-
Landschaft. Sandstein. Der Name sagt schon alles. Da hatte das
Wasser gut graben. Vor 70 Millionen Jahren breiteten sich hier die
Urelbe und ihre Nebenflüsse energisch aus. Die höhlten den Stein,
modellierten den Fels. „Wie ein bewegtes Meer", gerade so, „als hätten da die Engel im Sand gespielt", waren die Felsen bereits Heinrich
von Kleist erschienen.
Es wurden Touren in der Sächsischen Schweiz und im Meißner El-
bland ausgewählt. Familien mit Kindern, Spaziergänger und sportliche Wanderer finden attraktive Wegstrecken.